Reflexos
DO SOL-POSTO

Ivan Junqueira

Reflexos
DO SOL-POSTO

– ENSAIOS –

ROCCO

Copyright © 2014 *by* Ivan Junqueira

Direitos desta edição reservados à
EDITORA ROCCO LTDA.
Av. Presidente Wilson, 231 – 8º andar
20030-021 – Rio de Janeiro, RJ
Tel.: (21) 3525-2000 – Fax: (21) 3525-2001
rocco@rocco.com.br
www.rocco.com.br

Printed in Brazil/Impresso no Brasil

Editoração eletrônica
SUSAN JOHNSON

CIP-Brasil. Catalogação na Publicação.
Sindicato Nacional dos Editores de Livros, RJ

J94r   Junqueira, Ivan, 1934-
         Reflexos do sol-posto / Ivan Junqueira. –
   Rio de Janeiro: Rocco, 2014.

      ISBN 978-85-325-2910-7

      1. Literatura – História e crítica – Discursos,
   ensaios, conferências. I. Título.

14-09972   CDD-809
                                   CDU-82.09

SUMÁRIO

Ao leitor 7

Os cem anos do *Eu* 11
Gonçalves Dias e o Romantismo 36
Algumas reflexões sobre a poesia de João Cabral de Melo Neto 59
Aspectos da poesia de Alphonsus de Guimaraens Filho 72
Machado de Assis e a arte do conto 88
Machado de Assis: 170 anos 103
O machadiano Astrojildo Pereira 113
Riacho Doce: lição de maturidade 118
Tarcísio Padilha e a esperança 123
Da utilidade do inútil 132
Lições de exílio 140
O endereço nobre da poesia 145
Marques-Samyn: temas antigos 148
José Olympio reinventado 151
Do folhetim à novela de televisão 156
Dez anos sem Antônio Houaiss 164
Gilberto Freyre e o colonizador português 172
Nos confins da memória 186
Casimiro de Abreu: a eterna primavera 189
O papel do Rio na poesia de Manuel Bandeira 193
As estações da vida 209
Antonio Carlos Secchin: exato e numeroso 214
Augusto Meyer, "bruxo" 230
Se eu morresse amanhã 240
Álvaro Lins e a crise da literatura 250
O último bandeirante 264
Nauro Machado e a poesia brasileira 270

Índice onomástico 289
Bibliografia do autor 301

AO LEITOR

ESTA É – TENHO QUASE A PLENA CERTEZA – minha última coletânea de ensaios. Faz muito que já abandonei a militância crítica em jornais e revistas, o que contribuiu, de forma significativa, para que se reduzisse a minha produção seja como ensaísta, seja como crítico literário. Por outro lado, já não é o mesmo o interesse, muito vivo até bem pouco, que desde sempre me moveu a escrever sobre meus contemporâneos. E não é o mesmo, também, o ânimo de dar seguimento a uma trajetória que considero praticamente encerrada. Não foi pouco, mas está longe de ser fluvial, o que escrevi nas áreas do ensaio e da crítica desde 1965, quando se publicaram meus primeiros textos do gênero nas páginas da revista (há muito extinta) *Cadernos Brasileiros*, a convite de Nélida Piñon. Enfim, de 1980 para cá, foram 13 títulos, incluindo-se entre eles o que ora se dá à estampa.

Estou hoje inteiramente dedicado à poesia que ainda me resta escrever, e já nem sei se me será possível fazê-lo como desejaria. Por muitos anos, simultaneamente à minha atividade poética e ensaística, consagrei-me ainda à tradução de poetas (Baudelaire, Eliot, Dylan Thomas, Shakespeare e Leopardi, entre outros), o que sempre entendi nos termos de curiosa forma de crítica paralela. O presente volume, um pouco à semelhança do último que publiquei (*Cinzas do espólio*, 2009), não guarda nenhuma preocupação mais palpável com a organicidade estrutural dos anteriores. São apenas reflexões sobre autores e questões literárias que me despertaram a atenção nestes últimos cinco anos. É antes, como outrora se dizia, uma vária, dispersa e marginália de quem amorosamente buscou compreender o que os outros escreveram, em especial no âmbito da poesia.

IVAN JUNQUEIRA

Il y a plus affaire à interpreter les interpretations qu'à interpreter les choses, et plus de livres que sur autre sujet: nous ne faisons que nous entregloser.

MONTAIGNE, *Essais*

OS CEM ANOS DO

Eu

COMEMORA-SE NESTE ANO O CENTENÁRIO de publicação do *Eu*, uma das obras mais estranhas e emblemáticas de nossa poesia. Como Leopardi, Baudelaire, Cesário Verde e, entre nós, Raul de Leoni e Dante Milano, seu autor, Augusto dos Anjos, é poeta de um livro único. E único, como se verá, em muitos sentidos, a começar pelo fato de que não se enquadra em nenhuma escola ou movimento de nossa história literária, pulsando solitário entre o Simbolismo de fins do século XIX e o Parnasianismo das duas primeiras décadas do século seguinte. Sequer caberia aproximá-lo do Pré-Modernismo, embora o façam alguns historiadores, tanto assim que os modernistas de 1922 o ignoraram. E o *Eu* é único, também, em razão de sua temática, da anfractuosidade de seus versos, de seu ritmo e de suas rimas, do cientificismo algo arrevezado de seu vocabulário, do comportamento psicológico de seu autor e, acima de tudo, de sua insólita e funérea visão do mundo, numa época em que esta era escassa ou embrionária entre os nossos poetas.

Nascido em um engenho da Paraíba do Norte – o Pau d'Arco – em 20 de abril de 1884, Augusto dos Anjos aprendeu humanidades com o pai bacharel e senhor de engenho, completando-as no Liceu de João Pessoa. De 1903 a 1907 cursou a Faculdade de Direito do Recife, pela qual se diplomou. A advocacia, entretanto, jamais o atraiu e, desde muito cedo, o poeta, que cedo também se casou, passou a dar aulas para sobreviver. O seu amigo de toda a vida, Órris Soares, que o conheceu ainda estudante no início do século passado, descreve-o como sendo "de magreza esquálida – faces reentrantes, olhos fundos, olheiras violáceas e testa descalvada. (...) A clavícula arqueada. Na omoplata, o corpo estreito quebrava-se numa curva para diante. Os braços pendentes, movimentados pela dança dos dedos, semelhavam duas rabecas tocando a alegoria de seus versos". E resume o perfil do poeta dizendo que sua figura excêntrica lembrava "um pássaro molhado, todo encolhido nas asas, molhado da chuva". Demitido pelo governador da Paraíba de seu cargo de professor no Liceu de João Pessoa, o poeta, já então decidido a transferir-se para o Rio de Janeiro, comunicou à esposa: "Vamos para o Rio. Nunca mais porei o pé na Paraíba."

Mas a vinda para o Rio, em meados de 1910, pouco mitigou as dificuldades financeiras e profissionais de Augusto dos Anjos. Decorrido quase um ano desde que se instalara na capital federal, pouquíssimo se havia alterado sua vida. Conseguira, é bem verdade, a nomeação de professor substituto de Geografia, Cosmografia e Corografia no Ginásio Nacional. Entretanto, como relata Francisco de Assis Barbosa em sua introdução à 29ª edição do *Eu*, comemorativa do cinquentenário de sua publicação e lançada pela Livraria São José em 1962, a vida do poeta "era mais do que precária e os vencimentos insuficientes para cobrir as despesas da família". Como nos conta ainda Assis Barbosa, para complementar a receita do orçamento doméstico, tinha que se desdobrar em aulas particulares, percorrendo bairros diferentes e distantes. José Oiticica, renomado professor da língua portuguesa, então recém-chegado de Alagoas, descreve os apertos materiais por que ambos passaram, e usa a palavra penúria para definir aquele período adverso. Outro testemunho, escreve ainda Assis Barbosa, "o de Elói Pontes, retrata o estado de depressão que não abandonaria o poeta, depois da publicação do *Eu*, e já lecionando na Escola Normal, na mesma situação de instabilidade com que, no ano anterior, aceitara o encargo de ensinar às turmas suplementares do antigo Colégio Dom Pedro II".

Essa situação pouco se altera até a nomeação do autor como diretor do Grupo Escolar de Leopoldina, em Minas Gerais, quando já lhe restavam poucos meses de vida, de uma vida apagada, pobre de episódios que pudessem atrair para o seu nome a atenção dos leitores. Jamais frequentou as rodas boêmias e literárias da época, não pertenceu a grupos ou escolas, não colaborou em jornais importantes nem em revistas da moda, como muitos de seus pares, que aí publicavam poemas ou escreviam crônicas. E sua poesia, que se tornaria populariíssima, nada possui daqueles atributos que a fariam lida por toda gente, se seus versos falassem de amor, se fossem sentimentais ou vazados em linguagem fácil. Muito ao contrário, talvez nunca tenha havido, em toda a história da poesia brasileira, poeta cujos versos transmitam maior carga de desânimo ou pessimismo, um pessimismo áspero e cruel, versos nos quais a morte é a seiva que lhes dá vida. A morte de Augusto dos Anjos, em 1914, teve pouca ou quase nenhuma repercussão na imprensa do Rio de Janeiro, a não ser pelo artigo de Antônio Torres, que recorda o poeta com entusiasmo. E mais não se disse.

A trajetória editorial do *Eu* é um reflexo cabal da existência obscura e atormentada do autor. Nenhum editor dispôs-se a publicar o manuscrito, cuja impressão acabou sendo custeada pelo próprio poeta e seu irmão, Odilon dos Anjos. Pela quantia de 550 mil réis foram impressos mil exemplares da obra. A literatura oficial da época jamais poderia receber o *Eu* sem restrições. Como registrou Assis Barbosa na Introdução já mencionada, o poeta "era inclassificável", e o "máximo que poderia obter, como ponto de referência, eram adjetivos pouco recomendáveis, como estapafúrdio, aberrante, desequilibrado". Enfim, um "caso patológico". O aparecimento de um livro como o *Eu*, no ambiente artificial do Rio de Janeiro durante a segunda década do século XX, tinha algo de insólito e ameaçador, pois era a época em que predominava a literatura chamada "sorriso na sociedade". Como escreve Assis Barbosa, o "cronista d'*O País*, Oscar Lopes, que bem representava essa mentalidade, mostrou-se escandalizado, como que tocando no volume com a ponta dos dedos, para não sujar as mãos de sangue no vermelho do título que ocupava quase toda a capa". Em meio ao texto, porém, o cronista admite que, "passada a primeira impressão, o leitor verifica que dentro daquelas páginas palpita um espírito original, que tanto verseja – e sempre com um singular poder musical – sobre temas excessivamente bizarros".

Na verdade, os donos da literatura da época continuariam a ignorar por muito tempo o *Eu* e seu autor. "Perguntassem lá pelo nome de Augusto dos Anjos. O que poderiam responder é que se tratava de um estreante, autor de uns versos extravagantes. Nada mais", escreve Assis Barbosa. A obra pertencia à literatura condenada dos *ratés*, dos inconformados, dos marginais. As exceções seriam José Oiticica, que tentava definir o amigo como um dos arautos da poesia nova, ou seja, de uma poesia diferente e transgressora, e Hermes Fontes, que aderira ao grupo dos malditos e afirmava: "Augusto dos Anjos é um poeta que não se confunde com os outros. É diferente dos mais pelo credo, pela fortuna e pela grande independência de pensar e dizer." Bilac, entre muitos outros, o ignorou. E chegou a comentar com Heitor Lima, depois que este lhe recitou os "Versos a um coveiro": "Era este o poeta? Ah, então fez bem em morrer. Não se perdeu grande coisa." À exceção de "Augusto dos Anjos no trigésimo dia do seu falecimento", texto caloroso de José Américo de Almeida estampado no *Almanaque do Estado da Paraíba* em 1917, o que domina a fortuna crítica do poeta são o desdém e o esquecimento, apesar do esforço do amigo fraterno Órris Soares, que publica em 1920 uma edição do *Eu* acrescida de poemas esparsos, o que desperta a atenção de João Ribeiro e do jovem crítico Alceu Amoroso Lima, bem como o interesse de Álvaro de Carvalho, autor do voluminho *As revelações do Eu*, e de Raul Machado, que faz conferências sobre o livro amaldiçoado no Recife e no Rio de Janeiro.

O certo, porém, é que, após a euforia da homenagem estadual, o *Eu* teria de esperar mais oito anos para o início de seu pleno reconhecimento. Como aqui já se disse, os modernistas da década de 1920 passaram ao largo da mensagem angustiada de Augusto dos Anjos. A única exceção, como adiante se verá, foi Gilberto Freyre, em artigo escrito em 1924 para uma revista norte-americana e que é, a bem da verdade, o primeiro ensaio rigorosamente lúcido e crítico sobre o poeta e a sua obra. Mas a reviravolta ocorre em 1928 com a terceira edição do *Eu*, a da Livraria Castilho, cujo diretor consegue encontrar os herdeiros do autor. Castilho poderia esperar tudo, menos o que aconteceu: estrondoso sucesso de venda. Em crônica estampada no jornal *Crítica*, Gondin da Fonseca assegura que, em menos de dois meses, venderam-se 5.500 exemplares, enquanto Medeiros e Albuquerque, no conservador *Jornal do Commercio*, garante que o livro "representa o mais espantoso sucesso de livraria dos últimos tempos: três mil volumes escoados em quinze dias". Mas insiste na velha tecla de que o *Eu* é um caso antes patológico do que literário: "Lê-se o seu livro como se iria ver a obra de um ourives louco, que tivesse tomado ouro maciço e feito com ele um bloco estranho, áspero, anfractuoso, sem representar coisa alguma, tendo apenas, aqui e ali, recipientes para dejetos imundos..."

Daí em diante, a fortuna crítica do *Eu* só faria crescer, tendo alcançado até a presente data nada menos que espantosas setenta edições, as quais muito devem não apenas aos incontáveis estudos que se sucederam sobre a obra do autor a partir da década de 1950, mas também às suas mais recentes interpretações exegéticas, como, entre outras, as de Ferreira Gullar, José Paulo Paes, Anatol Rosenfeld e Sérgio Martagão Gesteira. A floração dessa fortuna crítica, apesar dos reparos que fizeram Manuel Bandeira, Dante Milano e Antonio Candido à poesia do autor, tem um de seus principais pontos de partida no juízo que expressa Otto Maria Carpeaux em sua *Pequena bibliografia crítica da literatura brasileira* (1949). Herdeiro daquele Barroco católico que floresceu durante o Império Austro-Húngaro, Carpeaux jamais se cansou de louvar esse surpreendente rebento do velho tronco gongórico em que se constitui a poesia de Augusto dos Anjos. Importantíssima também para compreensão da obra anjosiana nessa mesma época é o estudo *O artesanato em Augusto dos Anjos* (1955), de Manoel Cavalcanti Proença, que atribui o sucesso editorial do *Eu* à poderosa musicalidade dos versos do poeta.

Sempre que retorno à poesia de Augusto dos Anjos – seja por estrito e ocioso deleite de reler relidamente o que já li, seja porque o sortilégio vocabular ou imagístico-metafórico que lhe entranha os versos insiste em desafiar a nossa argúcia exegética –, eis que afloram não apenas os enigmas de sempre, mas também os deploráveis equívocos em que se comprazeu boa parte da crítica brasileira ao interpretar a gênese e a essência poética do *Eu*, cuja última edição, *Augusto dos Anjos. Obra completa*, organizada pelo poeta Alexei Bueno para a Nova Aguilar, data de 1994 e reúne, em definitivo, a *opera omnia* de Augusto dos Anjos, além de incluir, entre diversos outros apêndices, uma considerável fortuna crítica sobre o autor. Tais equívocos, que são de ordem vária e distinta, têm início na própria biografia do poeta, e são tanto mais injustificáveis porquanto resultam de depoimentos ou informações veiculadas por contemporâneos seus, por amigos ou escritores que dele privaram na Paraíba, no Rio de Janeiro e em Minas Gerais, mais precisamente em Leopoldina, onde o poeta morreu de *pneumonia* na madrugada de 12 de novembro de 1914. É alarmante o número de críticos e estudiosos da época – e aqui se incluem os nomes de Antônio Torres, Órris Soares, João Ribeiro, Gilberto Freyre, Agripino Grieco, Medeiros e Albuquerque, Raul Machado, Manuel Bandeira – que o dão como vítima de tuberculose e, o que é pior, não hesitam em atribuir à doença, uma doença de que o autor jamais padeceu, papel decisivo na formação de sua personalidade literária e do desesperado pessimismo que lhe inerva os poemas. Essa mesma crítica, que de crítica nada tinha, prestava ao leitor informações tão disparatadas quanto esta, veiculada por Medeiros e Albuquerque: "Ele foi um tuberculoso. Essa moléstia o minou durante muitos e muitos anos e acabou por dar-lhe a sua obsessão." E, logo adiante, a conclusão determinista: "Esse rapaz era – e não podia deixar de ser – um pessimista amargo."

Por aí se vê como se engendra o substrato da fortuna crítica anjosiana. Não é de estranhar, como alerta Fausto Cunha em "Augusto dos Anjos salvo pelo povo", que os "estudos que sempre parasitaram as edições do *Eu*, sobretudo os de Antônio Torres, nada fizeram por sua poesia – salvo propagar uma visão não crítica e caricaturada para o trágico". Foram tais estudos, sem dúvida alguma, que induziram o leitor a prezar o que há de pior em Augusto dos Anjos, ou seja, aquela outra face de que nos fala Álvaro Lins em "Augusto dos Anjos poeta moderno" (*Jornal de Crítica*, 4ª série, 1951), talvez o primeiro que lhe tangencia a medula dos versos: "Ele tem com efeito duas faces: a do artista, com uma enorme riqueza de pensamento e de sensibilidade, e a do artificial, com a gritante roupagem de uma precária terminologia científica. Encontramos nele o mais puro valor literário e o mais horrendo mau gosto."

Esse mesmo gosto levou a terceira edição da obra, *Eu e outras poesias*, de 1928, a vender cerca de três mil exemplares em quinze dias, como nos assegura o já citado Medeiros e Albuquerque. E parece não haver dúvida de que para tamanho êxito terá contribuído, mais uma vez, o "Elogio de Augusto dos Anjos", de Órris Soares, que, nessa mesma edição, enfia ainda uma "Nota urgente" de cujo teor já podemos desconfiar. É nessas condições, portanto, que se forma o público leitor de Augusto dos Anjos, cuja obra póstuma começou a ser psicografada por médiuns. O próprio bestialógico do autor, aliás, serve de subsídio a essa destemperada admiração, e não seria justo aqui discordar de Fausto Cunha quando sublinha: "Não se pode negar o fato de que às vezes o poeta incorre no disparate unicamente para completar um verso, formar uma rima – ou simplesmente por falha de formação científica." E é bem de ver que nem seria o caso de considerarmos aqui nenhum indício do que se poderia entender por formação científica, pois, a rigor, nunca a teve o poeta. Com toda a pertinência, Álvaro Lins pondera a respeito: "De resto, o que se chama a ciência de Augusto dos Anjos era uma ciência bastante primária, com um papel secundário em sua obra." E remata o grande crítico: "Os conhecimentos que revela de ciências físicas e naturais não estavam num nível muito superior ao de um bom estudante de curso secundário, completados com a leitura de algumas obras de Haeckel."

Embora de caráter mais delicado e controverso, é justamente aqui que emerge a segunda vertente dos equívocos que se amontoam em torno da poesia anjosiana, toldando-lhe às vezes por inteiro aquela comunhão orgânica e harmoniosa entre o *que* e o *como* da expressão verbal, desse consórcio de que o autor foi mestre insuperado. Houve até quem o pretendesse tributário de um poeta tão pífio quanto Martins Júnior, com quem se inicia entre nós, mais exatamente em 1883, com a monografia *A poesia científica*, a tola preocupação de chegar-se a uma síntese lírica nesse terreno, o que decerto jamais teria ocorrido ao espírito atormentado e convulso de Augusto dos Anjos. E ainda uma vez somos aqui obrigados a endossar o que disse Álvaro Lins sobre o assunto: "Em rigor, não há poesia científica como não há poesia religiosa, em categoria superior, mas homens de espírito científico ou de espírito religioso que são poetas com as suas personalidades assim caracterizadas." Nesse passo, aliás, cumpre distinguir apenas o que nos parece basilar: se a nomenclatura científica pouco ou nada acrescenta ao mérito intrínseco da poesia anjosiana – e mais bem o vemos que antes a prejudica em razão do prosaísmo e do mau gosto a que não raro a submete –, o espírito científico, como observa ainda Álvaro Lins, "dá à sua visão de poeta uma extraordinária amplitude, como um instrumento de penetração e acuidade".

Ademais cumpre esclarecer também que não foram os ensinamentos que hauriu do monismo simplista ou do naturalismo primário de Haeckel e Büchner, ou do evolucionismo transformista de Darwin e Spencer (a propósito, José Paulo Paes nos falou depois de um "evolucionismo às avessas" no pensamento anjosiano), ou mesmo das noções de filosofia de Comte então em voga, o que mais pesou na formação intelectual de Augusto dos Anjos. O que de mais perto lhe toca, se cabe aqui considerarmos tais influências, é o pessimismo de Schopenhauer e, através deste, a dissolução nirvânica no grande todo universal, isto para não falarmos de dívidas literárias mais explícitas, mas nem por isso mesmo cruciais, como as que de algum modo ele paga a Cesário Verde, Antônio Nobre, Cruz e Sousa ou Baudelaire, muito embora Augusto dos Anjos, pelas alucinações e visões macabras que lhe povoam a poesia, esteja mais próximo de Poe ou Hoffmann do que, a rigor, do cristianismo travestido que entranha boa parte dos poemas de Les fleurs du mal.

Mas é curiosamente entre aqueles antigos estudos sobre a poesia anjosiana que iremos encontrar o primeiro *insight* exegético de alguma astúcia, o de Gilberto Freyre, em "Nota sobre Augusto dos Anjos", publicada em setembro de 1924 em *The Stratford Monthly*, em Boston. É aí que se cogita, com lúcida premonição, de um possível e sugestivo vínculo entre a angulosidade do verso anjosiano e seu fascínio pelas palavras asperamente científicas e o processo de decomposição empreendido pelos poetas do Expressionismo alemão, entre os quais Gottfried Benn, Georg Trakl e Georg Heym. É claro que Augusto dos Anjos não conheceu nenhum desses autores, como tampouco os mestres da pintura alemã. Mas a aproximação é aqui de todo cabível, como se veria, aliás, cerca de quarenta anos depois, nos argutos estudos de Anatol Rosenfeld e, mais recentemente, de José Paulo Paes. O autor de *Casa-grande & senzala* chega mesmo a dizer, e com toda justeza, que em muitos dos versos de Augusto dos Anjos "a aspereza de sons não é evitada nem mesmo disfarçada, mas procurada", indo ao ponto de sublinhar que nele há "alguma coisa que faz pensar em Euclides da Cunha", como viria também a assinalar Fausto Cunha.

Há outra observação de Freyre que não pode ficar aqui sem registro: a de que "nenhum amor pela natureza tropical revela Augusto dos Anjos em seus poemas". E acrescenta: "Afastou-se dela quanto pôde. Afastou-se dela heroicamente." Para enfim rematar, com maior pertinência ainda: "Mas não foi somente da natureza do trópico que Augusto dos Anjos divorciou-se. Ele afastou-se também do ritmo da vida crioula." E essa é, entre muitas, mais uma das razões que faz dele o poeta solitário e único que foi em nossa literatura, esse poeta mórbido e doentio que a ciência e a concepção mecanicista do mundo tornaram ainda mais infeliz e descrente de tudo o que pudesse um dia florescer para além da contingência e da caducidade fenomênicas da existência terrestre. É muito oportuna, a propósito, esta outra consideração de Gilberto Freyre: "Augusto dos Anjos foi como aquele indivíduo que G. K. Chesterton não podia compreender: um homem cujo destino a ciência desgraçou por completo por lhe terem ensinado os nomes de todos os vermes que o comiam e os nomes de todas as partes de seu corpo comidas pelos vermes."

Estes estudos anjosianos – e aqui não seria o lugar aconselhável para inventariá-los *ad infinitum* – ganham notável impulso a partir das contribuições decisivas de Álvaro Lins, Fausto Cunha, Antônio Houaiss, Francisco de Assis Barbosa e, sobretudo, do audacioso pronunciamento de Otto Maria Carpeaux, que considerou o poeta, contra a maré consagrada, um importantíssimo caso de nossas letras, uma vez que até então era de mau gosto "admirar, apreciar, amar ou ter em conta a poesia de Augusto dos Anjos". Seria, ademais, "prova de imaturidade, vulgaridade ou incultura", como ressalta Antônio Houaiss. Mas nem mesmo essas novas angulações, como de resto as que se ensaiariam depois – e, neste caso particular, teremos que nos deter um pouco diante dos estudos que escreveram Anatol Rosenfel e José Paulo Paes –, explicam ou esgotam a trágica e macabra lírica anjosiana. Como muito bem pondera Houaiss, Augusto dos Anjos seria "o caso de um prógono que não derivasse do cansaço de epígonos de prógonos anteriores e que ademais conseguiria o milagre de não poder ter epígonos".

Mas a essa altura o leitor já dispunha de uma edição digna do *Eu*, a 30ª, da São José, de 1965, corrigida e acrescentada com o "Texto e nota" de Houaiss, à qual se seguiu, em 1971, a 31ª, também da São José, com o acréscimo de 39 títulos na seção referente aos "Poemas esquecidos". Atendia-se assim àquela justa e irritada reivindicação de Fausto Cunha: "Para repetir uma velha expressão, ainda não começamos a falar sério de Augusto dos Anjos."

Sem nenhum demérito para os que, daí em diante, se debruçaram sobre a poesia anjosiana – e não se podem ignorar aqui os importantes estudos de José Escobar Faria, Carlos Burlamaqui Kopke, Wilson Castelo Branco, Eudes de Barros, José Lins do Rego, Ferreira Gullar ou Elbio Spencer –, cumpre relevar, mais recentemente, duas abordagens exegéticas que nos parecem cruciais para a compreensão cabal de tão esfíngico poeta. Refiro-me aqui às de Anatol Rosenfeld ("A costela de prata de Augusto dos Anjos", in *Texto/contexto*, 1969) e de José Paulo Paes, sendo que a deste se esgalha em quatro estudos de rara e aguda perspicácia: "Augusto dos Anjos e o *art nouveau*" e "Do particular ao universal" (*Gregos e baianos*, 1985), "Augusto dos Anjos ou o evolucionismo às avessas", longo estudo introdutório a *Os melhores poemas de Augusto dos Anjos* (1986), e "Uma microscopia do monstruoso (a estética do horror na poesia de Augusto dos Anjos)", incluído em *Transleituras* (1995). Vamos aqui passar ao largo de certas considerações pertinentes à exata inserção periodológica ou escolástica que caberia ao *Eu* nos quadros de nossa historiografia literária.

Afinal de contas, Augusto dos Anjos não pertence a nenhuma escola ou movimento, e dele se pode dizer que não teve, ao contrário da grande maioria de seus pares, nem vida pública nem vida literária e que, como lembra Álvaro Lins, "só participou do efêmero do seu tempo, na medida do indispensável, naquele mínimo em que todos os homens são obrigados a participar do seu ambiente". Quanto à filiação escolástica, poder-se-ia dizer, sem que nada lhe alterasse a substância, que foi e não foi simbolista, e o mesmo caberia no tocante a qualquer tentativa de enquadrá-lo no âmbito marmóreo do Parnasianismo. Com relação a isto, aliás, pode-se até recorrer ainda uma vez a Fausto Cunha quando reflete: "O *Eu* pode ser visto como um desafio cara a cara ao parnasianismo. Indo mais longe, poderíamos vê-lo até como uma paródia."

O que de fato interessa em Augusto dos Anjos são a competência intrínseca e orgânica do verso e, tanto quanto esta, algo de que hoje já pouca gente se lembra e que tanta falta faz a qualquer poesia que se pretenda mais universal e duradoura do que os rebentos enfezados de nossa andrógina e prolífica produção lírica: a noção, nele muito aguda, de que a poesia, se se faz com palavras, como queria Mallarmé, faz-se também com ideias. Eis aqui mais um estigma da modernidade e do fundo isolacionismo a que desde sempre esteve confinado o poeta em sua própria época, justamente ele, que é, como insiste Álvaro Lins, "entre todos os nossos poetas mortos, o único realmente moderno, com uma poesia que pode ser compreendida e sentida como a de um contemporâneo", sem nenhuma necessidade de que seja estimado à luz de considerações históricas ou vínculos com sua época e respectivas correntes literárias, como somos levados a fazer em relação a outros insignes poetas do passado, como Gonçalves Dias, Castro Alves ou Fagundes Varela, os quais, queiram ou não, são grandes poetas do século XIX. À semelhança de Hölderlin, Novalis ou Leopardi, Augusto dos Anjos, porque se sabia muito além de seu tempo – ou mesmo para além de qualquer tempo –, não frequentou sua época nem a considerou jamais como eventual matéria-prima de seus versos. Foi, numa palavra, atemporal e inclassificável, alheio a tudo que não fosse sua ânsia do absoluto e sua dissolução ontológica na "noumenalidade do não ser", ou seja, na cabal e estrita irrealidade do nada nirvânico.

Como dissemos anteriormente, foi Gilberto Freyre quem primeiro tangenciou a genealogia expressionista que subjaz na poesia anjosiana. Anatol Rosenfeld, entretanto, vai bem mais longe quando, em seu memorável ensaio, se refere a termos "de certa forma exóticos (ainda que não se trate, no contexto da língua portuguesa, de estrangeirismos), de modo que se pode falar, usando uma expressão de Theodor Adorno, de uma espécie de 'exogamia linguística', considerando o fenômeno até certo ponto análogo, ligado a uma visão semelhante do mundo e dos homens", que se "verifica no expressionismo alemão". Benn, Trakl e Heym enveredam exatamente por aí, o que levou o filósofo Walter Jens a afirmar que foi "o jargão de uma classe profissional, a linguagem médica (...) que marcou o momento crítico em que se iniciou a literatura alemã moderna (...)".

E note-se que não foram poucos, antes mesmo de Rosenfeld, os que denunciaram essas angulosidades e asperezas no verso anjosiano, o que, de resto, lhe era congenial do próprio temperamento. Manuel Bandeira, por exemplo, observa a propósito em sua *Apresentação da poesia brasileira* (1944): "Tudo isso está dito numa forma duríssima, onde as sinéreses parecem acumuladas propositadamente para pintar o esforço das palavras esbarrando no 'molambo da língua paralítica'. É uma expressão por estampidos." Outro crítico, Agripino Grieco, em "Um livro imortal" (*Evolução da poesia brasileira*, 1932), já o prenunciara ao comparar o poeta a Cesário Verde: "Ambos versejavam em ângulos agudos, em riscos incisivos cortantes como lâminas, em frases cheias de ácidos e gumes, atraídos ambos pelos pratos avinagrados e pelos frutos verdes ou podres nunca em boa sazão."

Rosenfeld vê ainda no vocabulário científico anjosiano uma sedução que se diria erótica em relação ao próprio poeta. Teria sido essa, ou apenas essa, a forma que encontrou Augusto dos Anjos para dar curso à sua sexualidade reprimida, à sua misoginia, ao seu desprezo por qualquer comunhão amorosa entre os sexos, uma vez que, fora do âmbito conjugal, jamais se soube sequer de uma única aventura sua? E, não obstante, toda essa poesia (e, diríamos nós, toda essa breve existência pessoal) sucumbiu à pressão de conflitos de todo insolúveis. É óbvio, continua Rosenfeld, "que todas essas antinomias, tensões e angústias irreconciliáveis se refletem com grande precisão no contraste entre a 'língua' e a língua especializada", concluindo pouco adiante que Augusto dos Anjos, "poucos anos depois e à semelhança de Benn, buscava a palavra de dura e fina consistência, a palavra que não participasse da corrupção para que, deste modo, pudesse tanto melhor exprimir e superar as visões da podridão", o que nos parece de todo cabível e correto, sobretudo quando se pensa, como o faz Rosenfeld, que "à exogamia linguística de Augusto dos Anjos corresponde uma 'desumana' paixão exogâmica por tudo que não faça parte da corrupta tribo humana: pela monera, pela 'noumenalidade de Não Ser', pela ideia – enfim pelo infra e transumano".

E mais longe do que Rosenfeld, mas já em direção algo distinta, vai José Paulo Paes quando, no primeiro daqueles seus textos, associa nosso poeta àquelas manifestações do *kitsch* que antecederam o período modernista, ou seja, durante aquele pré-modernismo que Paes considera um "vácuo de nossa história literária", não porque nele não existissem escritores de importância, "mas porque lhe faltava, aparentemente, uma estética própria". E é nesse vácuo que surge Augusto dos Anjos, o mais poderoso e original poeta do período. Diz Paes: "Falo, evidentemente, de Augusto dos Anjos, cuja poesia necrofílica parece ter resistido até agora aos esquemas classificatórios. Vejo-o, todavia, como o mais arte-novista dos nossos poetas, na medida em que leva ao paroxismo a preocupação de estilizar as linhas de força do processo. Leva-o até as fronteiras do *kitsch*, até onde, aliás, não as temeu levar Gaudí." E logo adiante há algo que não pode ficar aqui sem registro quando se leva em conta a exacerbação do excesso de que vive e sobrevive a poética anjosiana. É ainda o ensaísta quem o afirma: "Para rematar esta tentativa de discernir na poesia de Augusto dos Anjos aspectos capituláveis na *art nouveau*, impõe-se ressaltar que o recurso ao ornamentalismo, predominante nesta estética, é típico também do *kitsch* na medida em que privilegia o efeito como meio eficaz de impressionar o espectador, ouvinte ou leitor menos discriminativo ou avisado, fazendo-o tomar por arte autêntica o que não passa de uma ardilosa exageração de seus aspectos superficiais." Não é bem o que ocorre em Augusto dos Anjos, mas, como sugere Paes, enquanto técnica de cumulação arte-novista, a microscopia "comparece no *Eu* precisamente sob a forma de pletora científica de sua linguagem".

Paes volta a bater na mesma tecla em outro importante ensaio, "Uma microscopia do monstruoso (a estética do horror na poesia de Augusto dos Anjos)", onde estabelece um singular paralelo entre a "poesia cemiterial" de Augusto dos Anjos e o "expressionismo necrópico" de Gottfried Benn, tentando aqui, mais uma vez, caracterizar a poesia daquele primeiro como arte-novista. "Não no sentido de perfilhar ostensivamente um programa de escola (nem se pode dizer que tivesse existido uma escola literária arte-novista), mas no sentido de ter refletido as tendências de uma época cujo gosto do ornamentalismo encontrou sua expressão mais refinada no *art nouveau*." E entenda-se logo: refinada porque ali a tendência ao ornamento não configurava um acréscimo arbitrário, mas sim alguma coisa que estava congenialmente unida à essência do objeto ornamentado, surgindo este como o fulcro do ornamento, que, por sua vez, se confundia com uma espécie de emanação dele. É talvez por isso que Paes recusa aquela "face artificial" de que nos fala Álvaro Lins. Enfim e ao cabo, o que há de mais significativo aqui é a ênfase que coloca o ensaísta da produção desses artistas que, como Augusto dos Anjos, atualizaram a força de impacto do monstruoso no limiar da modernidade, conjugando mais uma vez o histórico ao mítico. "Pois", conclui Paes, "na infinita variedade de suas manifestações, a arte não tem feito senão reelaborar, sem jamais lhe esgotar o poder de sedução, um mesmo repertório de arquétipos míticos no qual a condição humana se espelha na sua essencialidade."

Restaria uma palavra sobre o astucioso estudo que, sob o título *A carne da ruína. Sobre a representação do excesso em Augusto dos Anjos*, escreveu o professor Sérgio Martagão Gesteira sobre a poesia do autor do *Eu* e que a Universidade Federal do Maranhão tomou a si a responsabilidade de publicar em 1998, ampliando assim, de forma lúcida e generosa, o acervo da bibliografia anjosiana. Embora tenha contemplado como fulcro de sua extensa e meticulosa tese acadêmica a representação do excesso na poesia anjosiana, a verdade é que Martagão Gesteira nos dá de Augusto dos Anjos uma visão estrutural e humanística da insólita poesia que nos legou o autor do *Eu*. É bem de ver, ademais, que o autor tem a sustentá-lo um elemento sem o qual qualquer texto, acadêmico ou não, malogra em seu objetivo primordial, ou seja, o de transmitir ao leitor o que de fato se deseja que esse leitor entenda. Quero com isso dizer que, de par com uma erudição sem nenhum laivo de pedanteria e de uma irrepreensível técnica de expressão, escrevendo uma prosa elegante e concisa que o situa desde já entre os mais exímios usuários de nosso idioma. Custa crer como pôde um estudo de tal magnitude e argúcia permanecer até então inédito, pois, segundo cremos, já se alçou à categoria de obra fundamental na bibliografia sobre a poesia de Augusto dos Anjos.

O estudo de Martagão Gesteira se apoia em quatro núcleos temáticos que ele próprio define como "A crise do sujeito", "O corpo do sujeito", "A crise no corpo do mundo" e "Na urbe natal do desconsolo". Embora afirme na Introdução que "o presente trabalho optou por não empreender a análise das heranças científicas, filosóficas e literárias transmitidas à obra de Augusto dos Anjos", a verdade é que, ao longo do texto, todo esse universo se manifesta pelo menos em latência, razão pela qual – e só por ela – fomos instigados a nos deter um pouco sobre alguns dos aspectos da fortuna crítica anjosiana, em particular nos que guardassem certa relação com o que diz o autor em sua tese. Ademais, essa "representação do excesso" de que nos fala Martagão Gesteira mantém parentesco muito próximo com as interpretações que hoje remetem o autor do *Eu* àquele Expressionismo alemão que se inicia com os poemas de Gottfried Benn na mesma década em que Augusto dos Anjos publicou o seu único volume de versos. E não há como dissociar esse excesso, que um ensaísta como José Paulo Paes situa quase no limiar do *kitsch*, da linguagem poética barrocamente congestionada que caracteriza a escola expressionista. É o próprio autor, aliás, quem o admite quando pondera:

"O que para nós confere a nota expressionista à poesia de Augusto dos Anjos é a representação de uma realidade cuja marca mais patente e fundamental parece residir na captação do real como excesso – esse excesso que, como se observa, constitui um dos traços mais reconhecíveis e porventura definidores do movimento como um todo." E logo adiante acrescenta quanto às aberrações instauradas por esse mesmo universo abusivo: "Um mundo excessivo, em perpétua convulsão a configurar um sujeito atônito, acometido, ele e também os outros, por múltiplas patologias, numa realidade frequentemente a despencar, de ventos impetuosos e atravessada por turbulências que subvertem o corpo das paisagens e da linguagem, um real, em suma, superlativo, a alimentar-se das teorias da ciência para construir com maior solidez o espetáculo de uma matéria completamente infeliz." A conceituação aqui é de tal forma visual que parece estarmos diante das telas de Munch, Kirchner, Rouault ou Kokoschka.

Caberia ainda aqui um breve comentário sobre o vínculo irremediável que se estabelece, de um ponto de vista diacrônico entre a "poesia cemiterial" de Augusto dos Anjos e a poética transgressora do Expressionismo alemão. Diz, cauteloso, Martagão Gesteira: "Todos os críticos que fizeram menção ao Expressionismo na obra do poeta do *Eu* se precaveram, com justeza, de não a enquadrar, ortodoxamente, nesse estilo, isto é, como se ela fosse um representante paradigmático da escola. Fizeram-no, é de crer, por rigor histórico, de ordem diacrônica, sabido que o período de efetiva vigência do movimento costuma ser localizado entre 1910 e 1920 (...)." Alguns autores, desde Gilberto Freyre, já o haviam percebido, mas sua reserva se justifica porque, àquela época, "o meio literário brasileiro continuava afinado com a herança parnasiano-simbolista", e ninguém, em sã consciência, poderia imaginar que Augusto dos Anjos pudesse ter tido acesso às obras de Benn, Trakl ou Heym, que só chegaram muito tardiamente ao leitor brasileiro.

Além de Gilberto Freyre, tangenciaram o problema ensaístas tão ilustres quanto Antônio Houaiss, Luís Costa Lima, Anatol Rosenfeld e José Paulo Paes, sendo que este último extrapola a contribuição anjosiana do expressionismo para o arte-novismo. Ao eleger a tese do excesso, Martagão Gesteira não apenas a eles se junta senão mesmo que os excede na medida em que aprofunda a questão, dando-lhe uma fundamentação conceitual e circunstanciada que até então esta não tinha. Parece-me, por exemplo, que somente a ele ocorreu uma lembrança para nós fundamental, a de Worringer, quando pela primeira vez se valeu do vocábulo "expressionismo" a propósito do caráter transgressivo de Van Gogh, Cézanne e Matisse. Worringer viu muito bem do que se tratava, ou seja, aquela diversidade de tendências artísticas que se abrigavam sob o novo conceito, "dos sonhos de inocência às visões apocalípticas, do fervor religioso aos apelos inflamados à luta de classes, da sátira fria e da precisão clínica da análise às explosões de desespero". E viu mais ainda quando, na incipiente produção expressionista, intuiu esta verdade crucial: "O único denominador comum é a tendência ao excesso e à subversão dos valores."

Ao longo de sua obra, Martagão Gesteira relaciona uma prodigiosa lista de elementos que corroboram a possibilidade diacrônica de um parentesco do poeta do *Eu* com a práxis expressionista, mas tem a cautela de admitir que "esses procedimentos, por si mesmos, não são capazes de decidir uma filiação estilística (...), e não se pretende afirmar que a obra de Augusto dos Anjos constitui uma ocorrência exemplar do que, na história da arte e da literatura, ficou conhecido pelo nome de Expressionismo, destacando-se, no campo desta última, como um fenômeno alemão". E acrescenta: "Mas o que constitui a singularidade da obra de Augusto não reside apenas no amálgama dessas tradições ou no prenúncio das práticas do Modernismo; reside também, quanto ao conjunto do lirismo em voga no início do século, na dominante expressionista de sua linguagem, vale dizer, do real que cria." Segundo essa mesma linha de raciocínio, sustenta o ensaísta que, "apesar das afinidades entre o Expressionismo e outras correntes igualmente mobilizadas pelo primado da subjetividade – estéticas, *grosso modo*, da subjetivação –, além das características já alinhadas até aqui, não há dúvida de que o pendor expressionista da escrita de Augusto dos Anjos se acusa também pelo tratamento metafórico de várias passagens, de corte mais ou menos visionário, como aqueles lutos conjugados de 'Os doentes' (...)". E se interrompo a citação à lembrança desse poema, desse poema excepcional que abriga o melhor da produção anjosiana, é porque nele, talvez mais do que em nenhum outro, justifica Augusto dos Anjos tudo o que escreveram Martagão Gesteira e alguns outros ensaístas brasileiros sobre a possibilidade de uma filiação do poeta ao Expressionismo, que se torna a cada dia mais sugestiva e plausível. Ao final de seu estupendo estudo, diz o autor que "o caráter turbulento desse modo excessivo, como nota maior do lirismo de Augusto dos Anjos, enseja classificar sua poesia como afim do estilo expressionista, suposta a demasia como um dos elementos nodais da manifestação do mundo, aos olhos dessa corrente". Com a prudência analítica dos grandes ensaístas, Martagão Gesteira apenas o sugere. Prova-o, de forma cabal, a própria poesia de Augusto dos Anjos.

Retorno ao início. Faz cem anos da primeira edição do *Eu*. Desde então, muitos poetas, escolas e movimentos literários sucederam-se no país, produzindo uma diversidade poética que nos situa em indiscutível plano de excelência, sobretudo no que toca à modernidade. Essa modernidade já desponta, antes mesmo do Modernismo, com a insólita contemporaneidade do *Eu*, pois sua poesia, para ser estimada e compreendida, dispensa qualquer vínculo com eventuais momentos históricos do passado ou com sua própria época. Ela vale por si, por sua desconcertante e monstruosa beleza ou pelo horror que nos infunde. Completa agora cem anos. E insiste em não morrer.

2012

Gonçalves Dias
E O ROMANTISMO

SEMPRE FUI DE OPINIÃO que qualquer tentativa para compreender satisfatoriamente um autor implica o razoável conhecimento da época em que ele viveu e produziu a sua obra. Como e graças a que fatores histórico-literários Gonçalves Dias contribuiu para o advento e a consolidação do Romantismo entre nós? É o que pretendemos aqui esclarecer. Em primeiro lugar, convém que se considere o momento histórico em que se movem os precursores e os êmulos desse vigoroso movimento literário, ou seja, o período da Regência e os primeiros anos da Maioridade de D. Pedro II, que constituem um mosaico de importância decisiva na história de nossa vida mental, pois é dentro de seus limites que surgem Martins Pena, o criador do teatro brasileiro, e o grupo do Maranhão, que deu origem ao cognome de Atenas Brasileira com que passou a ser conhecida a cidade de São Luís. A esse grupo pertencem, entre outros, os publicistas Francisco Sotero dos Reis e João Francisco Lisboa, cuja atuação é crucial para que possamos entender aquele estado de ânimo que, alguns anos depois, Machado de Assis definiria como "instinto de nacionalidade", que tivera o seu impulso graças ao processo da Independência.

É essa "geração vacilante", como a chamou Antonio Candido em sua *Formação da literatura brasileira*, que se torna responsável pela introdução do Romantismo em nossas letras, restaurando não apenas a poesia, mas criando também o romance e a crítica, estatuindo, por assim dizer, a moderna vida literária no Brasil, com seu arsenal de publicações, correntes de pensamento estético, rodas literárias e polêmicas intelectuais. E se eram "vacilantes", porque oscilavam entre duas estéticas – as do neoclassicismo setecentista e do romantismo com reservas mentais – ou porque, no âmbito político, misturavam certo liberalismo de raízes regenciais e o respeitoso acatamento às decisões do monarca, a verdade é que formam um todo mais homogêneo do que se poderia supor. É preciso vê-los, portanto, com alguma largueza de espírito e interpretar a sua eventual dubiedade como própria de uma época situada entre duas literaturas, dois períodos, duas eras políticas. Em rigor, esses escritores e publicistas estavam sepultando o passado e lançando os fundamentos de uma nova era tanto na arte quanto na vida social, o que já era visível em certas manifestações pré-românticas, como a nostalgia de Domingos Borges de Barros, o cristianismo lírico de frei Francisco de Monte Alverne, o exotismo de certos franceses ligados ao Brasil ou as vagas e contraditórias realizações da Sociedade Filomática.

Como se sabe, os primeiros românticos iniciam suas atividades com o lançamento da revista *Niterói*, em 1836, consolidando-as na *Minerva brasiliense*, de 1843, e despedindo-se como pioneiros dessa nova mentalidade literária na *Guanabara*, que circulou entre 1849 e 1855. Daí em diante continuam a produzir, mas esmorecem como integrantes de um grupo. Temos assim três estratos revolucionários: o primeiro, com Gonçalves de Magalhães, Araújo Porto-Alegre, Torres Homem e Pereira da Silva; no segundo figuram os discípulos mais jovens, entre os quais Santiago Nunes, Joaquim Norberto, Dutra e Melo e Teixeira e Sousa; ao terceiro segmento, no qual o quadro se amplia, pertencem Fernandes Pinheiro e Gonçalves Dias, que coroa e justifica toda essa fase, dando-nos o primeiro grande exemplo de Romantismo completo. Essa afirmação encontra amparo no fato de que, antes dele, o Romantismo aflorava mais nos temas do que propriamente nos processos formais: ele é o primeiro em que percebemos a fusão do assunto, do estilo e de uma nova concepção de vida. Pode-se até considerar que esses três estratos geracionais se organizam em duas etapas: uma, totalmente absorvida por Magalhães e seus seguidores; outra, que assinala a vertiginosa ascensão de Gonçalves Dias.

    Esse primeiro Romantismo, que paga tributo ao conformismo, ao decoro e à aceitação pública, e que nada tem de revolucionário do ponto de vista da intenção e do temperamento, tanto assim que não sofre qualquer antagonismo por parte da geração que o antecedeu, busca na renovação dos temas o seu principal instrumento de ação, o que se deve, em boa parte, ao modelos que Gonçalves de Magalhães trouxe da França.

Instaura-se assim o repúdio do imaginário clássico, e passam a predominar em nossa literatura os temas da descrição da natureza, do panteísmo, da idealização do selvagem e do indianismo como expressão da nacionalidade, apresentando-se este selvagem como símbolo do espírito e da civilização brasileiros em luta contra a herança portuguesa. Graças à viagem que fez, Gonçalves de Magalhães pôde realizar a experiência básica do Romantismo em todas as literaturas do Ocidente, esse deslocamento no espaço que proporciona material novo e novas linhas de meditação. Foi por essa experiência, convém recordar, que passaram os grandes românticos europeus, como Goethe, Chateaubriand, Wordsworth, Byron, Shelley, Keats e os portugueses Herculano e Almeida Garrett.

O cultivo desses novos temas está presente nas principais obras poéticas da época, sobretudo nos *Suspiros poéticos e saudades*, que Magalhães publicou em Paris, em 1836. É, todavia, má poesia, produto do Neoclassicismo agonizante onde afloram o ritmo prosaico, o torneio anacreôntico nos metros curtos, o tom epistolar e a preferência pelo verso branco, este mesmo verso branco que Gonçalves Dias, como antes fizera o árcade Cláudio Manuel da Costa, levaria a culminâncias de fatura somente igualadas depois por Fagundes Varela. Má poesia é também a que se lê n'*A Confederação dos Tamoios*, epopeia intragável que Magalhães publicou em 1856, ou nos *Cânticos fúnebres*, de 1864, nos quais, como sublinha Antonio Candido, "encontramos desde o muito ruim até o péssimo absoluto". Pior do que Magalhães, entretanto, consegue ser

Araújo Porto-Alegre, que em 1836 já havia escrito os primeiros trechos de seu ilegível *Colombo*, poema épico que somente se daria a lume em 1866. Os outros êmulos do Romantismo – Joaquim Norberto, Dutra e Melo e Teixeira e Sousa, intimamente ligados a Magalhães –, não vão muito além, mas, de alguma forma, contribuem para a consolidação de uma temática que somente com Gonçalves Dias iria se cristalizar no que toca ao desenvolvimento de um processo formal.

É esse, em linhas gerais, o ambiente literário em que surge o autor d'*Os Timbiras*. Gonçalves Dias nasceu em 10 de agosto de 1823 numa fazenda distante 14 léguas de Caxias, no Maranhão, filho de um comerciante português, natural de Trás-os-Montes, e de uma mestiça brasileira. Contava seis anos de idade quando o pai se separou de sua mãe para casar-se legalmente com outra mulher, de quem teria quatro filhos. Após a morte do pai, que o levou a estudar em Coimbra, o poeta retorna a Caxias em 1837, mas logo no ano seguinte embarca para aquela cidade portuguesa, de onde só retornaria em 1845. É durante esses oito anos em Coimbra que Gonçalves Dias adquire a sua sólida formação intelectual, o seu amor pelas línguas e a sua vasta cultura humanística. Com efeito, ao retornar a São Luís trazia ele os originais da "Canção do exílio", esse poema emblemático da literatura brasileira, e de duas peças teatrais. É também nessa época que conhece, na casa de Alexandre Teófilo, sua prima e cunhada Ana Amélia Ferreira do Vale. Depois de alguns anos de triunfante trajetória literária e jornalística no Rio de Janeiro, Gonçalves Dias regressa ao

Maranhão em 1851, ano em que são publicados os *Primeiros cantos*, nos quais se inclui a citada "Canção do exílio".

Reencontrando Ana Amélia, por ela se apaixona perdidamente, no que é correspondido, mas seu pedido de casamento é recusado pela família da moça, ou por preconceito racial, ou por julgarem-no já tuberculoso, ou por ambas as razões. Profundamente abalado, o poeta volta ao Rio de Janeiro e casa-se com Olímpia da Costa, filha de um grande médico da Corte. Dizem seus biógrafos que foi um dos mais desastrados matrimônios de toda a literatura brasileira. Disse-o, aliás, o próprio Gonçalves Dias em carta a Ferdinand Denis. Em 1854 nasce-lhe a única filha, Joana, que morreria dois anos depois. A partir de então, sua vida se converte numa penosa e infindável sucessão de viagens, como integrante de comissões científicas ou diplomáticas, que o levam à Europa ou ao interior do Brasil, entre as quais figura a que percorreu o rio Negro e que foi lembrada na introdução que seu conterrâneo Josué Montello escreveu em 2002 para o volume *Gonçalves Dias na Amazônia*, que reúne os relatórios e diários de viagem do poeta quando em visita àquela região. A 10 de setembro de 1864, padecendo de uma inimaginável constelação de doenças, Gonçalves Dias embarca no Havre, a bordo do *Ville de Boulogne*, com destino ao Maranhão. Mas, na madrugada de 3 de novembro, o navio encalha nos baixios de Atins, próximo a São Luís, e acaba por naufragar. À exceção do poeta, que não conseguiu sair do seu camarote, toda a tripulação se salva. Com Gonçalves Dias, cujo corpo jamais foi encontrado, desceram ao fundo do mar os manuscritos que trazia consigo: os dos quatro últimos cantos da epopeia *Os Timbiras* e de sua tradução definitiva de *A noiva de Messina*, de Schiller. No final do poema "Adeus", que encerra os *Primeiros cantos*, há uma impressionante premonição de sua morte feita pelo menos 14 anos antes:

> A praia tão querida, que ora deixo
> Tal parte o desterrado: um dia as vagas
> Hão de os seus restos rejeitar na praia,
> Donde tão novo se partira, e onde
> Procura a cinza fria achar jazigo.

Bem ou mal, Gonçalves Dias vincula-se ao grupo de Magalhães não só pelas relações e o intuito da nacionalidade, mas também pelo apego ao modelo neoclássico, que herdou dos setecentistas e os primeiros românticos portugueses. Caberia observar, entretanto, que, ao contrário destes, o poeta maranhense é plenamente romântico, e o que nele ainda perdura do neoclassicismo é fruto de uma impregnação de cultura e sensibilidade, e não da participação no agônico movimento pós-arcádico. Como sublinha ainda uma vez Antonio Candido, o verso gonçalvino, "incorporando o detalhe pitoresco da vida, criou (verdadeiramente *criou*) uma convenção poética nova". E pode-se até dizer que essa mistura de medievalismo, idealismo e etnografia fantasiada aparece como construção a um só tempo lírica e heroica, resultando daí uma composição nova para sentirmos os velhos temas da poesia ocidental. Mais do que qualquer outro romântico de seu tempo, Gonçalves Dias possui o misterioso discernimento do mundo visível, o que leva a imaginação a criar um universo oculto, inacessível aos sentidos e somente ao alcance de uma percepção transcendente e inexprimível de cores, sons e perfumes que nos lembra muito de perto aquelas mágicas e inefáveis "correspondências" baudelairianas.

Há três ângulos sob os quais deve ser analisada a poesia de Gonçalves Dias: os do uso da língua e da reinvenção da linguagem, do indianismo e da pulsão lírica. Quanto àquele primeiro, seria justo aqui recordar que Gonçalves Dias foi talvez um dos mais refinados e exigentes usuários do idioma de Camões, o que explica, pelo menos em parte, não só a extraordinária noção de medida e rigor linguístico que nele se percebe, mas também sua deliberada resistência à intemperança sentimental, tão comum entre os românticos, cuja poesia se caracteriza pelo transbordamento afetivo. Sua antológica "Canção do exílio", por exemplo, representa bem esse ideal literário: beleza na simplicidade, fuga do adjetivo, procura da expressão de tal maneira justa que nos seria difícil imaginar outra. Não se justifica, todavia, a acusação de que é um poeta *português*, pois sua vinculação mais visível com a sintaxe e mesmo com o léxico de além-mar é de importância secundária quando se pensa em sua funda apreensão da sensibilidade e do gosto brasileiros, que já naquela época se afastam dos padrões portugueses. É bem verdade que, talvez em decorrência de sua sólida formação de filólogo, Gonçalves Dias cultiva às vezes, para além do tom arcádico, a mais pura tonalidade quinhentista, que o poeta refunde no verso moderno, entranhando a sua poesia na corrente viva do lirismo português, como seria o caso do poema "Olhos verdes", no qual se lê:

> São uns olhos verdes, verdes,
> Uns olhos de verde-mar,
> Quando o tempo vai bonança,
> Uns olhos cor da esperança,
> Uns olhos por que morri;
> Que ai de mi!
> Nem já sei quem fiquei sendo
> Depois que os vi!

E há ainda o exemplo das "Sextilhas de frei Antão", que devem ser entendidas, e assim o pretendeu o poeta, mais como um "ensaio filológico" do que propriamente um poema.

Foi em parte graças a esse fundo conhecimento da língua que Gonçalves Dias conseguiu reinventar a linguagem poética de seu tempo, sobretudo no âmbito do indianismo, pois, ao contrário de José de Alencar, que transformou nosso indígena em personagem, o autor do "I-Juca Pirama" o converte antes em símbolo. Vazio de personalidade, o indígena gonçalvino inclui-se assim numa visão geral do índio que se estrutura a partir de cenas (às vezes de um verdadeiro bailado) ou feitos ligados à vida de um índio qualquer, cuja identidade é estritamente convencional e funciona apenas como padrão. Em Gonçalves

Dias, esse indianismo, que seus sucessores definiriam como "poesia nacional" e que é parente próximo do medievalismo coimbrão, revela muito mais do que isso, como nos ensinam as lúcidas e modelares palavras de Antonio Candido: "O modo de ver a natureza em profundidade, criando-a como significado, ao mesmo tempo que a *registrava* como realidade; o sentido heroico da vida, superação permanente da frustração; a tristeza digna, refinada pela arte; no terreno formal, a adequação dos metros à psicologia, a multiplicação dos ritmos, a invenção da harmonia segundo as necessidades expressionais, o afinamento do verso branco." Talvez por isso, esses herdeiros do indianismo, mesmo quando se abandonaram ao transbordamento afetivo ou à melopeia, mesmo quando buscaram modelos em outras literaturas, neles sempre restava um pouco de Gonçalves Dias.

É bem de ver, entretanto, que o poeta d'*Os Timbiras* não foi o criador do indianismo entre nós. Antes dele, Basílio da Gama, Santa Rita Durão, Gonçalves de Magalhães e Joaquim Norberto já se haviam ocupado da temática indigenista, mas antes de um ponto de vista europeizado e valendo-se de uma linguagem que, à exceção daquele primeiro, era mais prosaica do que poética. Além de profundamente poético, o índio gonçalvino tem um entranhado quê de autenticidade, de atavismo e de vigor que os outros nem de longe revelam. E aqui caberia uma oportuna observação de Lúcia Miguel Pereira, autora de uma excelente *A vida de Gonçalves Dias*, no que toca às origens afetivas mais remotas desse indianismo. É que em sua infância, naquela fazenda distante mais de dez léguas de Caxias, onde os índios mansos vinham trocar com os habitantes arcos, flechas e potes de barro, Gonçalves Dias "há de ter brincado com esses instrumentos indígenas, há de ter aprendido muita palavra dos selvagens, que lhe eram familiares. Ouviria certamente falar em Tapuias, em Timbiras, em Tupis, em guerra de índios; saberia povoadas por eles as matas que avistava". Não surpreende assim que, anos mais tarde, mais precisamente em 1858, iria publicar o poeta, na cidade de Leipzig, o seu *Dicionário da língua tupi*. São essas, sem dúvida alguma, as raízes de sua compreensão da temática indigenista, o que levou a maioria dos poetas e jornalistas de meados do século XIX a considerá-lo como o verdadeiro criador da literatura nacional. E não seria exagero afirmar-se, como o faz Antonio Candido, que o "I-Juca Pirama" (ou seja, "aquele que deve morrer" em tupi) pode ser visto como uma "dessas coisas indiscutidas que se incorporam ao orgulho nacional e à própria representação da pátria, como a magnitude do Amazonas, o grito do Ipiranga ou as cores verde e amarela".

Parece não haver nenhuma dúvida de que a culminância de toda essa poesia indianista está nos versos do "I-Juca Pirama", incluído nos *Últimos cantos*, cuja publicação é de 1851, quando o autor contava apenas 28 anos. Causa alguma estranheza que assim os designasse com tão pouca idade, o que nos poderia levar, mais uma vez, à suposição de que Gonçalves Dias, como quase todos os românticos, não contava viver muito, o que de certa forma se confirmou, pois morreu com apenas 41 anos.

O "I-Juca Pirama" é o maior poema de todo o Romantismo brasileiro e um dos maiores de nossa literatura. Dividido em dez partes, nele se registra uma notável e inédita fusão do dramático, do lírico, do épico e do trágico. Como todos sabem, a composição narra a história do guerreiro tupi que, por amor ao pai inválido, suplica a seus algozes timbiras que lhe poupem a vida. E nessa história pode-se perceber que a piedade e a bravura, a lágrima compassiva e o gesto brioso constituem, com efeito, os dois polos do indianismo gonçalvino, indianismo essencialmente lírico, que oscila entre a nota plangente e o acento bélico. De natureza sensível, cismadora, expressão cabal da inquietação melancólica dos românticos, Gonçalves Dias era, ao mesmo tempo, um espírito forte, habituado ao esforço na conquista das vitórias sempre árduas e graduais, processo no qual se contrabalançavam a mágoa e a exortação a uma combatividade viril. Nada melhor para ilustrá-lo do que este fragmento exemplar e conhecidíssimo do "I-Juca Pirama":

> Não chores, meu filho;
> Não chores, que a vida
> É luta renhida:
> Viver é lutar.
> A vida é combate
> Que os fracos abate,
> Que os fortes, os bravos,
> Só pode exaltar.

Por outro lado, a sabedoria poética do autor leva-o a variar a métrica para adaptar o ritmo a cada situação narrativa, a utilizar admiravelmente os versos ímpares tão caros aos românticos, a distribuir as rimas com rara propriedade e a servir-se com pleno discernimento do vocabulário indígena. Veja-se o exemplo destes endecassílabos matizados de cromáticas aliterações com que o poeta dá início à narração do *locus amenus* em que transcorre a ação do "I-Juca Pirama":

> No meio das tabas de amenos verdores
> Cercados de troncos – cobertos de flores,
> Alteiam-se os tetos de altiva nação.

Em outras passagens do poema, entretanto, sobretudo nas seções intermediárias, como é o caso da III, da V e da IX, o emprego do decassílabo branco faz com que esse metro se aproxime do ritmo flexível, da caracterização sutil e das imagens seletas e funcionais de que se serviu Basílio da Gama no *Uruguai*:

> Sentindo o acre odor das frescas tintas,
> Uma ideia fatal correu-lhe à mente...
> Do filho os membros gélidos apalpa,
> E a dolorosa maciez das plumas
> Conhece estremecendo: – foge, volta,
> Encontra sob as mãos o duro crânio,
> Despido então do natural ornato!...

Finalmente, não se esqueçam as oitavas da belíssima apóstrofe da parte VIII, com seu martelado ritmo anapéstico e seus majestosos eneassílabos, que se incluem entre as mais requintadas joias do lirismo em língua portuguesa de qualquer época. No início:

> Tu choraste em presença da morte?
> Na presença de estranhos choraste?
> Não descende o cobarde do forte;
> Pois choraste, meu filho não és!
> Possas tu, descendente maldito
> De uma tribo de nobres guerreiros,
> Implorando cruéis forasteiros,
> Seres presa de vis Aimorés.

E no fim:

> Um amigo não tenhas piedoso
> Que o teu corpo na alma embalsame,
> Pondo um vaso d'argila cuidoso,
> Arco e flecha e tacape a teus pés!
> Sê maldito e sozinho na terra;
> Pois que a tanta vileza chegaste,
> Que em presença da morte choraste,
> Tu, cobarde, meu filho não és.

É preciso relembrar ainda que Gonçalves Dias deu ao indianismo várias outras esplêndidas modulações líricas, como, por exemplo, a do romantismo "gótico", visível no clima de assombração que perpassa "O canto do Piaga", pertencente aos *Primeiros cantos* e do qual cito aqui os seguintes trechos, já agora em ritmo ternário:

> Ó guerreiros da Taba sagrada,
> Ó guerreiros da Tribo Tupi,
> Falam Deuses no canto do Piaga,
> Ó guerreiros, meus cantos ouvi.
>
> (...)
>
> Negro monstro os sustenta por baixo,
> Brancas asas abrindo ao tufão,
> Como um bando de cândidas garças,
> Que nos ares pairando – lá vão.
>
> Oh! quem foi das entranhas das águas,
> O marinho arcabouço arrancar?
> Nossas terras demanda, fareja...
> Esse monstro... – o que vem cá buscar?
>
> Não sabeis o que o monstro procura?
> Não sabeis a que vem, o que quer?
> Vem matar vossos bravos guerreiros,
> Vem roubar-vos a filha, a mulher!

(...)

Vem trazer-vos algemas pesadas,
Com que a tribo Tupi vai gemer;
Hão de os velhos servirem de escravos,
Mesmo o Piaga inda escravo há de ser!

(...)

Vossos Deuses, ó Piaga, conjura,
Susta as iras do fero Anhangá.
Manitôs já fugiram da Taba,
Ó desgraça! ó ruína! ó Tupá!

    E de inspiração indigenista são também as duas "cantigas de amigo", essas duas inesquecíveis queixas femininas que são "Leito de folhas verdes" e "Marabá", nas quais o pormenor etnográfico é alçado ao mais puro simbolismo afetivo. Enfim, no que se refere àqueles quatro cantos iniciais d'*Os Timbiras*, que era o mais ambicioso projeto épico de Gonçalves Dias, somos de opinião de que dele resultou poesia dura e pouco inspirada. Faltou aqui ao poeta a lucidez de seu mestre Basílio da Gama, que soube domesticar sabiamente a musa heroica pela redução ao lirismo. Na verdade, ao pretender-se épico numa dimensão maior, Gonçalves Dias esqueceu a sua inarredável vocação de poeta lírico.

    Para além do âmbito do indianismo, deixou-nos Gonçalves Dias uma extensa e riquíssima lírica. Não é essa a ocasião de examiná-la de modo abrangente, mas há dois poemas – "Ainda uma vez – adeus!" e a emblemática "Canção do exílio" – que não posso deixar aqui sem algum comentário. O primeiro deles constitui uma dessas peças que conjugam a absoluta ausência de artifício com aquele caráter de imperiosa necessidade que preside toda grande arte, sublime poema de circunstância no sentido em que, segundo Goethe, toda poesia é de circunstância. E, neste caso, que circunstância foi essa? A do encontro casual do poeta, numa das ruas de Lisboa, com sua prima Ana Amélia Ferreira do Vale, com quem se recusara a casar sem o consentimento da família da jovem, que jamais o perdoou por essa pusilanimidade e negou-se a retribuir-lhe o cumprimento na capital portuguesa. Transtornado, Gonçalves Dias, assim que se recolheu a seus aposentos, escreveu de uma sentada o pungente poema, que enviou a Ana Amélia, rezando a lenda romântica que esta o teria reescrito com o próprio sangue. Distribuído ao longo de 18 estrofes em metro heptassilábico, trata-se de um poema em que se cristalizam toda a exasperação e a dor da alma romântica. Permitam-me aqui, por isso mesmo, transcrever a primeira, a quinta e as duas últimas estrofes desta composição admirável:

> Enfim te vejo: enfim posso,
> Curvado a teus pés, dizer-te
> Que não cessei de querer-te,
> Pesar de quanto sofri.

Muito penei! Cruas ânsias,
Dos teus olhos afastados,
Houveram-me acabrunhado
A não lembrar-me de ti!

(...)

Mas que tens? Não me conheces?
De mim afastas teu rosto?
Pois tanto pôde o desgosto
Transformar o rosto meu?
Sei a aflição quando pode,
Sei quanto ela desfigura,
E eu não vivi na ventura...
Olha-me bem que sou eu!

(...)

Adeus qu'eu parto, senhora;
Negou-me o fado inimigo
Passar a vida contigo,
Ter sepultura entre os meus;
Negou-me nesta hora extrema,
Por extrema despedida,
Ouvir-te a voz comovida
Soluçar um breve Adeus!

Lerás porém algum dia
Meus versos d'alma arrancados,
D'amargo pranto banhados,
Com sangue escritos; – e então
Confio que te comovas,
Que a minha dor te apiade,
Que chores, não de saudade,
Nem de amor, – de compaixão.

Poucos críticos brasileiros estudaram com tanta astúcia a "Canção do exílio" quanto José Guilherme Merquior em seu ensaio "O poema do lá", incluído no volume *Razão do poema*, publicado em 1965. Diz ele: "A 'Canção do exílio' é um poema simples e desnudo, mas não porque haja nela, em alusão poética, os elementos essenciais da terra nativa. A verdadeira razão, o verdadeiro segredo de sua direta comunicabilidade é a unidade obstinada do sentimento que a domina. Esta é a unidade distintiva da canção, e o que faz dela um poema realmente 'sem qualificativos'; precisamente porque *todo* o poema é um qualificativo: todo ele qualifica, em termos de exaltado valor, a terra natal." Nem mesmo o termo "sozinho", que aparece na terceira e na quarta estrofes, seria exatamente um adjetivo, pois, como nos ensina Aurélio Buarque de Holanda, falta-lhe a "essência pictural" característica dessa categoria de palavras. Outro estudioso, Aires da Mata Machado Filho, relaciona vários dos substantivos do poema – palmeiras, sabiá, flores, várzeas, bosques, vida – com a infância fazendeira de Gonçalves Dias, vivida na intimidade com a natureza, opinião esta que é corroborada por Manuel Bandeira e Lúcia Miguel Pereira. Mas esses mesmos elementos que o poeta nomeia existem tanto aqui quanto lá, no Brasil e em Portugal. Assim, o que de fato causa saudade não é propriamente a sua simples existência, mas antes a qualidade que esta adquire quando inserida na moldura da pátria. Como sustenta Merquior, a canção "não compara o que o Brasil tem com o que a terra alheia não possui; indica, isso sim, o maior valor que as mesmas coisas revestem, uma vez localizadas do Brasil". Ou seja, tanto as aves daqui, do exílio, quanto as aves de lá gorjeiam; apenas não gorjeiam da *mesma* maneira.

Não há nenhum brasileiro minimamente letrado, ou até mesmo ágrafo, que não conheça a "Canção do exílio", e não são poucos os que a guardam de cor. São raríssimos os nossos poetas – além de Gonçalves Dias, Castro Alves, Bilac, Augusto dos Anjos, Bandeira, Drummond, Vinicius de Moraes – que gozam desse extraordinário privilégio. E por que isso ocorre? Porque eles conseguiram, em determinados momentos de sua trajetória, captar a sensibilidade da alma nacional e penetrar em nosso mais profundo imaginário. São, por assim dizer, poetas da alma, que tudo compreende, e não do espírito, que tenta explicar a realidade e nada esclarece. É a este grupo seleto que pertencem Gonçalves Dias e sua imortal "Canção do exílio", cujos valores estão encharcados de subjetividade e em cuja música ressoa o motivo da obsessão nostálgica, visível no recurso retórico da repetição de que se vale o poeta. Tanto é assim que dos 24 versos do poema sete repetem linhas anteriores, sem levarmos em conta os que as repetem parcialmente. Ouçamos a "Canção":

> Minha terra tem palmeiras,
> Onde canta o Sabiá;
> As aves, que aqui gorjeiam,
> Não gorjeiam como lá.
>
> Nosso céu tem mais estrelas,
> Nossas várzeas têm mais flores,
> Nossos bosques têm mais vida,
> Nossa vida mais amores.
>
> Em cismar, sozinho, à noite,
> Mais prazer encontro eu lá;
> Minha terra tem palmeiras,
> Onde canta o Sabiá;
>
> Minha terra tem primores,
> Que tais não encontro eu cá;
> Em cismar – sozinho, à noite –
> Mais prazer encontro eu lá;
> Minha terra tem palmeiras,
> Onde canta o Sabiá;

Não permita Deus que eu morra,
Sem que eu volte para lá;
Sem que desfrute os primores
Que não encontro por cá;
Sem qu'inda aviste as palmeiras,
Onde canta o Sabiá.

Penso que, em toda a poesia brasileira – à exceção talvez de Manuel Bandeira –, nunca se disse tanto com tão pouco, nunca se qualificou tanto, sem um único adjetivo qualificativo, o sentimento de nostalgia da pátria. Ademais, perecebe-se no poema que o Brasil não é *isso* nem *aquilo*: o Brasil é sempre *mais*, o que traz à tona o tema romântico do exílio. E aqui caberia uma lúcida observação de Mário de Andrade numa famosa página de seus *Aspectos da literatura brasileira*, onde o autor distingue entre esse tema romântico do exílio, acompanhado do desejo extremo de voltar, e a vontade de partir dos modernistas, ansiosos por se libertarem da vida presente e de suas limitações materiais, tão bem caracterizada naquele "Vou-me embora pra Pasárgada" de Manuel Bandeira. À primeira vista, são os modernos que cultivam o evasionismo completo, em sua viagem de ida sem passagem de volta. O escapismo romântico, cujo paradigma entre nós poderia ser o da "Canção do exílio", foi, na verdade, mais autêntico, já que poetas como Gonçalves Dias revelam a nostalgia da fonte, do berço, do nada originário, e sua sedução da morte, se interpretada de um ponto de vista psicanalítico, corresponde a uma via de retorno ao seio materno. Como salienta ainda uma vez Merquior, a "evasão de toda a realidade, como desejo de um nada absoluto", nos mostra que "a nostalgia romântica é mais acabada que a impaciência moderna". E é isso o que se vê na "melancolia saudosa" desta imortal "Canção do exílio".

Desde 1999 que não volto ao Maranhão. Quis o destino que o fizesse no momento em que esta Academia comemora o seu primeiro centenário. Quis o destino que eu aqui viesse para dizer estas breves e pobres palavras sobre Gonçalves Dias, uma das primeiras revelações que tive quando, aos 13 anos de idade, tomei contato com a poesia romântica que se escreveu neste país. Quis ainda o destino que eu viesse falar de um poeta que deixou o nosso convívio no mesmo dia e mês em que nasci: 3 de novembro. Separam-nos, entre a sua morte e o meu nascimento, exatamente setenta anos, já que ele fechou os olhos em 1864 e eu os abri para a luz do mundo em 1934. Mas nos une a eternidade da poesia, dessa poesia maior e fundadora que tentei aqui explicar sabendo que ela não se explica, que ela pode apenas ser compreendida. A explicação nada mais é que um artifício do espírito. Quem compreende é a alma. Gonçalves Dias sabia disso. E por isso é eterno, enquanto eu, na caduca condição de membro da Academia Brasileira de Letras, sou apenas "imortal".

2008

ALGUMAS REFLEXÕES SOBRE A POESIA DE

João Cabral de Melo Neto

POUCO DEPOIS DA MORTE de João Cabral de Melo Neto, escrevi brevemente sobre a sua poesia em artigo que se publicou em dezembro de 1999 na imprensa brasileira. Fiz questão de ali deixar claro que, com a morte do autor, se abria uma lacuna de provimento problemático ou mesmo improvável nos quadros da poesia brasileira contemporânea. É que, a rigor, João Cabral não tem sucessores ou herdeiros em linha direta, mas antes epígonos, pouco importa aqui se talentosos ou não. E isso se dá em razão da exasperante originalidade de seu estilo, o estilo das facas, das lâminas, da lancinante e desértica secura de sua linguagem realista e antilírica, ao arrepio, portanto, de toda uma tradição que não é apenas da língua, mas da índole e do próprio pensamento da língua, cujas matrizes poéticas radicam na melopeia e na logopeia. Toda a poesia de João Cabral, ao contrário, mergulha suas raízes na fanopeia, ou seja, na vertente que expressa uma realidade visual ou visualizável, tal como o vemos em García Lorca e em quase toda a poesia espanhola desde *El Cid*, em boa parte do mosaico alegórico da

Commedia dantesca e, no âmbito da língua portuguesa, neste solitário e desconcertante Cesário Verde, poeta de um livro só, como Leopardi e Dante Milano.

Ademais, a poesia cabralina é sempre concebida, como o pretendiam Leonardo da Vinci, e depois Paul Valéry, no que toca a qualquer realização artística, em termos de uma estrita *cosa mentale*. Ao próprio João Cabral aprazia repetir – e fê-lo por vezes incontáveis – que, "para mim, a poesia dirige-se à inteligência, através dos sentidos", ou que "a poesia não é linguagem racional, mas linguagem afetiva. Dirige-se à inteligência, sim, mas através da sensibilidade". O vezo realístico e antilírico de seu temperamento era tal que o levou a observar, ainda em 1966: "Você vê os gregos, o Pégaso, o cavalo que voa, é o símbolo da poesia. Nós deveríamos botar antes, como símbolo da poesia, a galinha ou o peru – que não voam. Ora, para o poeta, o difícil é não voar, e o esforço que ele deve fazer é esse. O poeta é como o pássaro que tem de andar um quilômetro pelo chão." Uma reminiscência às avessas, talvez, daquele canhestro e patético "albatroz" baudelairiano que, preso ao chão, sonhava com a altura. Convém esclarecer aqui que essas declarações de João Cabral, bem como muitas outras, encontram-se reunidas num volumínho precioso que se publicou em 1998 sob o título de *Ideias fixas de João Cabral de Melo Neto*, de autoria de Félix de Athayde, amigo já falecido do poeta e que com este manteve longo e profícuo convívio, dele recolhendo opiniões e depoimentos que hoje constituem uma inestimável fonte primária dos pensamentos de João Cabral acerca da arte de fazer versos.

Quando João Cabral faz a sua estreia poética com *Pedra do sono*, em 1942, a situação da poesia brasileira era muito distante daquela em que a encontraram os modernistas no princípio da década de 1920. O problema da Geração de 45, à qual o autor pertence à sua revelia e sobre a qual pormenorizadamente discorreu, não era demolir o que já fora conquistado pelo Modernismo de 22, mas sim buscar uma identidade pessoal que permitisse a cada um de seus integrantes individualizar-se entre os grandes poetas que começaram a publicar na década de 1930, os herdeiros do modernismo, como Drummond, Murilo Mendes, Cecília Meireles, Vinicius de Moraes, Augusto Frederico Schmidt e Jorge de Lima, os quais, é bom que se diga, já encontraram um terreno limpo do hieratismo parnasiano e da evanescente música simbolista, que nada tinha a ver com aquela *music of poetry* de que nos fala T.S. Eliot. A tarefa era bem mais árdua do que aquela que realizaram os modernistas de 22, sobretudo Mário de Andrade, Oswald de Andrade, Manuel Bandeira e Dante Milano, muito embora este último só faça a sua estreia tardiamente, em 1949.

Em *Pedra do sono* é ainda visível o tributo que João Cabral paga a certa dicção da poesia drummondiana e ao surrealismo. O próprio poeta o reconhece em diversas entrevistas ou depoimentos, como a que concedeu a Antonio Carlos Secchin, um de seus mais agudos intérpretes e autor de *João Cabral: a poesia do menos*. Nela diz o poeta que "poderia perfeitamente eliminar *Pedra do sono* de sua obra", admitindo que, nesse livro, "a influência surrealista é muito forte, mas o surrealismo só me interessou pelo trabalho de renovação da imagem". Em outra entrevista, esta a Vinicius de Moraes, afirma que, com *Pedra do sono*, "minha intenção foi escrever poemas com uma certa atmosfera noturna obtida através de imagens de aparência surrealista". O ambiente desse primeiro livro de João Cabral é acentuadamente onírico, ou mesmo hipnótico, povoado de pesadelos e alucinações. O poeta parece sonhar ou dormir acordado, como se estivesse em estado de semivigília, escrevendo cuidadosamente o seu verso com base no conceito tradicional da associação psicológica e, em alguns casos, reflexiva.

Mas *Pedra do sono* já traz em si o germe do construtivismo racionalista que irá caracterizar, a partir de *O engenheiro*, toda a poesia de João Cabral. Quem o intuiu foi Antonio Candido em artigo que escreveu sobre o livro de estreia do autor, artigo que o próprio João Cabral disse que poderia colocar "como prefácio em minhas poesias completas porque ele previu tudo o que eu ia escrever, a maneira como eu ia escrever e meu primeiro livro não é ainda muito característico de minha maneira posterior, mas ele pressentiu tudo". É que Antonio Candido, em sua premonitória avaliação crítica, observou que a poesia aparentemente surrealista desse livro era, no fundo, "a poesia de um cubista". E conclui João Cabral: "De fato, de todas as escolas, estilos de pintura, a coisa que mais me influenciou, mais me marcou, foi o cubismo. Daí também essa grande influência de Le Corbusier. O Antonio Candido previu esse meu construtivismo, essa minha preocupação de compor o poema, de não deixar que o poema se fizesse sozinho, de falar das coisas e não de mim."

A partir de *O engenheiro*, cujos poemas atestam que a *écriture* de João Cabral jamais foi *automatique*, e sim *artiste*, o autor assume o compromisso com uma práxis a que nunca mais renunciará: poesia é construção, cálculo, projeto planejado em que não cabem os súbitos *éclats* da inspiração ou as névoas do encantamento – enfim, é *cosa mentale*. O que se nota nesse livro é o trânsito do poeta entre o irracionalismo do "sono" e do "sonho" e a racionalidade construtivista de um "engenheiro". O próprio João Cabral diz que *O engenheiro* "é um livro marcado pela ideia de que um poema pode ser feito apenas com um trabalho de exploração de comportamento das palavras associadas: isto é, através de um trabalho puramente intelectual e voluntário", acrescentando que "certa preocupação de trocar a atmosfera meio mórbida e noturna do primeiro livro por outra mais solar e clara é o resultado direto de ser este último um livro mais intelectual". É também a partir de *O engenheiro* que se percebe o embrião de uma linha evolutiva que marcará toda a poesia do autor, e pode-se mesmo dizer que o caso de João Cabral é particularmente singular porque talvez seja ele o único poeta desse período – o outro, mas em direção muito distinta, é Ferreira Gullar – que jamais deixou de renovar-se livro após livro.

A *O engenheiro* seguem-se *Psicologia da composição com a fábula de Anfion e Antiode* (1947), *O cão sem plumas* (1950) e *O rio* (1954). *O cão sem plumas* constitui, com a *Psicologia da composição* e *O rio*, o ápice do estilo apologal cabralino e introduz um outro dado novo na poesia do autor: o da fusão do sujeito com o objeto real, ou seja, o rio Capibaribe. Numa entrevista concedida em 1985 a Antonio Carlos Secchin, que este incluiu como apêndice em seu lapidar *João Cabral: a poesia do menos*, conta o poeta que *O cão sem plumas* "nasceu do choque emocional que experimentei diante de uma estatística publicada em *O Observador Financeiro*. Nela, soube que a expectativa de vida no Recife era de 28 anos, enquanto na Índia era de 29. Nunca tinha suposto algo parecido". Se transcrevo aqui esse pequeno trecho da entrevista, faço-o apenas porque ele constitui um dos primeiros indícios de que, a partir de 1950, João Cabral voltará as costas a si mesmo e às suas preocupações pessoais para celebrar, através de sua ótica realista, a miséria e o destino desértico do homem do Nordeste. É tão profunda e radical essa reviravolta no comportamento de João Cabral que Antônio Houaiss foi levado a classificar o livro como "um acontecimento anômalo dentro da poesia brasileira contemporânea", acrescentando que dele sai o autor com uma lição: a de que, "no dia em que o poeta quiser fazer das populações do Capibaribe o conteúdo do seu poema, nesse dia irá escrevê-lo sem cifras: o homem do Capibaribe estará no centro e a necessidade de afirmar o futuro no fim".

O rio é – nem mais, nem menos – a relação de viagem que faz o Capibaribe da nascente à foz, e, porque assim o é, há, com a antropomorfização de seu curso, duas decorrências: a alegoria e o apólogo, ou fábula. E há também aí, como outra vez sabiamente o denuncia Antônio Houaiss, uma finalidade moral: "*O rio* quer algo – e muito haveria o que dizer sobre a sua vontade." E há mais: é em *O rio* que João Cabral começa a cristalizar sua dicção definitiva, sua sintaxe áspera e mineral, a geometria de sua estrofação e os esquemas rímico-métricos de que não mais abriria mão, como o uso sistemático da rima toante e de metros pouco usuais na poesia de língua portuguesa, como os de seis, oito, nove e onze pés, e nunca o decassílabo da tradição camoniana. Como já o dissemos, não apenas o antilirismo e a secura da dicção cabralina, mas também os metros de que se serve o autor, chegam mesmo a contrariar a índole da língua. O verso de João Cabral é, de longe, o mais duro e desértico dentre todos os que já se escreveram entre nós, e nele não há, ao contrário do que ocorre em quase toda poesia de língua portuguesa, nenhum indício de melopeia. A propósito, o autor sempre afirmou que não era um poeta musical e que nunca teve bom ouvido para a música. Seu verso, o mais medido e calculado de toda a poesia brasileira, é visual, plástico, e inscreve-se nas vertentes da fanopeia e da logopeia.

O rio é, portanto, uma tentativa de "fazer um livro poético com assuntos considerados não poéticos, uma reação contra o rumo que tem tomado grande parte da poesia atual: o jogo de palavras e a rotulação das palavras e dos assuntos em poéticos e não poéticos", como admitiu o próprio João Cabral. Mas boa parte da crítica não o entendeu assim, acusando o poeta de prosaísmo, de incapacidade lírica e de utilizar uma linguagem dura. Essa crítica partiu de preliminares preconceituais cediças, ignorando, inclusive, o que já postulara a respeito o New Criticism, quando chamou a atenção para as nebulosas fronteiras que separam a *poetry* da *fiction*, ignorando até o que já dissera T.S. Eliot, no memorável ensaio *The Music of Poetry*, a propósito da viabilidade do poema longo, ou seja, "num poema de certa extensão (...), as passagens de menor intensidade serão, com relação ao nível sobre o qual todo o poema opera, prosaicas – isto é, no sentido que o contexto implica, poder-se-ia dizer que nenhum poeta será capaz de escrever um poema longo a menos que seja um mestre do prosaico". E João Cabral o foi. A crítica a que nos referimos acima incorreu no equívoco de supor que a linguagem poética fosse algo predeterminado, fixado, canonizado, sistematizado, e cuja essência estivesse definida formalmente desde sempre. Ora, como ensina Antônio Houaiss, a "linguagem poética, como sistema de símbolos linguísticos, faz-se cada dia, está em perpétua transformação, não se trata de preencher tais ou quais 'formas' com conteúdos verbais mais ou menos novos". Assim, o que essa crítica não percebeu, e *O rio* sobejamente o demonstra, é que, se a visão do mundo não é poética, não há veículo que a transforme em poesia, e, se essa visão é poética, mesmo a supressão dos veículos tradicionais de transmissão de poesia não será capaz de invalidá-la.

Entre os muitos poemas emblemáticos e exemplares que escreveu o autor nas décadas de 1950 e 1960, dois me despertam uma especial atenção. Um deles porque constitui, para cada um de nós, poetas, um como que mandamento bíblico, pois nos remete àquela exigência de austeridade e assepsia expressivas sem o concurso das quais nenhum poeta será capaz de escrever um único verso digno desse nome. João Cabral o proclama nos últimos versos do poema "Alguns toureiros", que aqui recordo:

> Mas eu vi Manuel Rodríguez,
> *Manolete*, o mais deserto,
> o toureiro mais agudo,
> mais mineral e desperto,
>
> o de nervos de madeira,
> de punhos secos de fibra,
> o de figura de lenha,
> lenha seca da caatinga,
>
> o que melhor calculava
> o fluido aceiro da vida,
> o que com mais precisão
> roçava a morte em sua fímbria,
>
> o que à tragédia deu número,
> à vertigem, geometria,
> decimais à emoção,
> e ao susto, peso e medida,
>
> sim, eu vi Manuel Rodríguez,
> *Manolete*, o mais asceta,
> não só cultivar sua flor
> mas demonstrar aos poetas:

como domar a explosão
com mão serena e contida,
sem deixar que se derrame
a flor que traz escondida,

e como, então, trabalhá-la
com mão certa, pouca e extrema;
sem perfumar sua flor,
sem poetizar seu poema.

O que vale dizer: como escrevê-lo para além de toda a "literatura". E essa é a grande herança que nos deixa João Cabral: sua linguagem e seu ideal de poesia fluem a contrapelo de toda uma tradição de transbordamento verbal a que sucumbiram não poucos grandes poetas brasileiros desde o Romantismo até agora.

Quanto ao outro poema, "Paisagem pelo telefone", pode-se vê-lo como uma novidade na obra de João Cabral, que sempre tratou o tema da mulher com significativa parcimônia. Indagado por Antonio Carlos Secchin sobre essa inclusão tardia da temática feminina em seu percurso, João Cabral respondeu: "Na minha poesia a mulher é um tema a mais, como qualquer outro. Não o utilizo para confessar frustrações amorosas. Descrevo uma mulher sem biografia; o que ela representou na minha vida não vem ao caso." Mas é tamanha a pulsação lírica que anima o poema acima citado que não resisto a ler aqui suas cinco últimas estrofes:

Pois, assim, no telefone
tua voz me parecia
como se de tal manhã
estivesses envolvida,

fresca e clara, como se
telefonasses despida,
ou, se vestida, somente
de roupa de banho, mínima,

e que, por mínima, pouco
de tua luz própria tira,
e até mais, quando falavas
no telefone, eu diria

que estavas de todo nua,
só de teu banho vestida,
que é quando tu estás mais clara,
pois a água nada embacia,

sim, como o sol sobre a cal,
seis estrofes mais acima,
a água clara não te acende:
libera a luz que já tinhas.

A bibliografia de João Cabral de Melo Neto inclui ainda, entre outros, *Paisagem com figuras*, *Morte e vida severina*, *Uma faca só lâmina, Quaderna, Dois parlamentos, Serial* e *A educação pela pedra*, que foram publicados entre 1955 e 1966. E é nesse período que sua arte alcança a plena maturidade. O próprio poeta costumava dizer, como o fez numa entrevista concedida a Rubem Braga em 1976: "Considero minha obra acabada aos 45 anos. Não no sentido de que não escreverei mais, nem no de que não publicarei mais. Sim, no sentido de que não me sinto responsável pelo que escrevi e escreverei (talvez) depois dos 45 anos (...). Mas o que escrevi e talvez escreverei depois de *A educação pela pedra* é coisa que escrevi sem a mesma consciência, ou lucidez, do que escrevi antes. Gostaria de ser julgado pelo que escrevi até os 45 anos. Gostaria de ser considerado um autor póstumo: procurarei ignorar o que dizem, o que acham do que ainda posso fazer (e do que fiz depois dos 45 anos, isto é, depois de *A educação pela pedra*)."

Tanto quanto qualquer outro de seus livros anteriores ou posteriores, *A educação pela pedra* privilegia, no nível da linguagem do poeta, sua busca incessante pelo que há de visual ou visualizável na realidade. Para que possamos compreender melhor esse procedimento, José Guilherme Merquior, em *A astúcia da mímese*, nos remete a uma figura da velha retórica preceptiva, ou seja, a hipotipose, que consiste em "tornar as coisas visíveis e concretas". Toda a arte estaria assim obrigada a revestir-se de concreção, mas a simples existência desse antigo *tropo* nos recorda quanto a literatura, cuja matéria-prima não é de natureza sensorial, mas de natureza antes simbólica, será capaz de alcançar essa concreção para além do efeito analogicamente "visual". Ao contrário da poesia de Mallarmé, por exemplo, que instaura uma concreção muito diversa daquela que se deve às volutas sensuais do cultismo gongórico ou à meridianidade do desenho dantesco, toda a *Commedia* pode ser entendida como uma vasta hipotipose. O estilo de Dante chega ao símbolo graças à apresentação direta da fisionomia do mundo, seja este real ou fictício. Não é, portanto, um estilo alusivo, e sim presentativo. Merquior considera que o idioma poético de João Cabral pertence a essa família, acrescentando que ele "reconcilia o esforço da lírica pela abertura de uma nova perspectiva filosófica com o novo gosto pelo perfil saliente dos objetos, pela vividez da cena imediata da experiência". E é através dessa conversão da autonomia do significante numa "poética da visibilidade", sempre à margem de quaisquer pressupostos da visão metafísica, que a obra de João Cabral assegura à poesia brasileira um lugar de indiscutível destaque no concerto da tradição contemporânea.

2010

ASPECTOS DA POESIA DE
Alphonsus de Guimaraens Filho

ÚLTIMO FILHO DO GRANDE POETA simbolista Alphonsus de Guimaraens – a quem não chegou a conhecer –, Alphonsus de Guimaraens Filho viu a luz do mundo no dia 3 de junho de 1918 e nos deixou em 28 de agosto de 2008, aos 90 anos de idade. Nascido em Mariana, Minas Gerais, onde o pai foi juiz e viveu seus últimos quinze anos, Alphonsus Filho diplomou-se em direito e exerceu durante algum tempo o jornalismo, ingressando em seguida, como tantos de nós o fizeram naquela época, no funcionalismo público. Membro da Academia Mineira de Letras, da Academia Marianense de Letras e do Pen Clube do Brasil, radicou-se depois no Rio de Janeiro e conquistou os prêmios Olavo Bilac, da Academia Brasileira de Letras, de Literatura, da Fundação Graça Aranha, Jabuti, da Câmara Brasileira do Livro, Luísa Cláudio de Souza, do Pen Clube, Manuel Bandeira, do *Jornal de Letras*, Prêmio de Poesia da Cidade de Belo Horizonte e Prêmio Nacional de Poesia, do Instituto Nacional do Livro. Sua vida civil, passada quase toda em surdina, muito pouco nos interessa, já que ele próprio nenhuma importância atribuía aos ouropéis mundanos. E foi assim que o conheci, silencioso e recluso, na condição de seu transitório vizinho no bairro do Cosme Velho, onde ambos residíamos e onde, além de escrever os poemas de meu livro *A rainha arcaica*, que seria logo após publicado, eu me ocupava da tradução da poesia completa de T.S. Eliot. Enfim, o que aqui me interessa é a poesia de Alphonsus Filho, a alta poesia que nos legou e que foi saudada, entre outros, por Mário de Andrade, Manuel Bandeira e Carlos Drummond de Andrade.

Muito embora essa poesia não guarde relações particularmente estreitas com o Movimento Modernista de 1922, o fato é que, publicada pela primeira vez em 1940, ela pertence ao fim daquela década de 1930, na qual estreiam os autores que costumo designar como os herdeiros do Modernismo, entre os quais Carlos Drummond de Andrade, Murilo Mendes, Henriqueta Lisboa, Emílio Moura, Raul Bopp, Vinicius de Moraes, Odylo Costa, filho, e Manoel de Barros. Não resta dúvida de que o primeiro livro de Alphonsus Filho, *Lume de estrelas*, quer por sua temática, quer por sua concepção estética, está mais próximo do ideário da Geração de 45, que preconizava um retorno às formas e aos impulsos líricos tão combatidos pelos modernistas, do que da distensão da linguagem e do ritmo praticados pelos poetas dos anos 30. Mas a verdade é que a poesia que se escreveu nessas duas décadas é como um mosaico em que se entrelaçam essas e outras vertentes de nossa lírica contemporânea, e os poemas de Alphonsus Filho, que paradoxalmente não podem nelas ser incluídos, pagam-lhes certo tributo, sobretudo do ponto de vista da liberdade de expressão, não fora ele o poeta moderno que é. Moderno no sentido em que o foi Manuel Bandeira, ou seja, para além do que há de datado no Modernismo.

Os poetas dessa época, mais precisamente da década de 1940, se defrontaram com um grave problema que poderia ser definido nos termos de uma terra desolada no que toca ao esgotamento das matrizes literárias. A tarefa desses poetas era, assim, muito mais árdua do que aquela que cumpriram seus antecessores. E aqui recordo, guardadas as devidas proporções, da situação em que se encontrava Baudelaire com relação aos seus antecessores e que assim foi definida por Valéry em célebre ensaio sobre o autor de *Les fleurs du mal*: "O problema de Baudelaire podia então – devia então – colocar-se da seguinte maneira: ser um grande poeta, mas não ser nem Lamartine, nem Hugo, nem Musset." *Mutatis mutandis*: não ser, para esses poetas da década de 1940, nem Drummond, nem Vinicius, nem Murilo. E talvez seja em razão desse impasse que se cristaliza a Geração de 45, na qual Alphonsus Filho costuma escolasticamente ser incluído. O desafio desses poetas era, portanto, o de buscar uma identidade pessoal que lhes permitisse afastar-se da área de influência daqueles grandes autores dos anos 30, os quais, é bom que se lembre, já encontraram o terreno limpo do hieratismo parnasiano e da evanescente música simbolista.

Claro está que Alphonsus Filho deve algo à Geração de 45, cujos pressupostos estéticos nos remetem à necessidade de retorno aos cânones de um certo e mitigado classicismo, de resgate das formas fixas e das medidas métrico-rímicas contra as quais se insurgiu o Modernismo, e até mesmo de recuperação de um comportamento psicológico que seria antes apolíneo do que dionisíaco. Deve a ela, também, certas preocupações que se tornaram características do ideário estético e doutrinário daquele grupo, como a ostensiva e sistemática reação contra o desleixo formal que dominou a primeira fase modernista, a busca do equilíbrio e a reflexão sobre o humano e o universal, em troca daquela obsessão nacionalista de que se nutriram os poetas da década de 1920. E restaria ainda ponderar, no que concerne ao emprego dos metros tradicionais de que se valeu Alphonsus Filho, bem como outros autores daquela época, que há em todos os grandes poetas um elemento vestigial daquilo que se pode definir como a "ideia parnasiana", apesar do que supõem os espíritos simplistas de limitações escolares. E há ainda, no caso de Alphonsus Filho, uma herança inextinguível da vertente simbolista, essa vertente de que seu pai, ao lado de Cruz e Sousa, foi o maior representante entre nós.

    Para entender melhor a poesia do autor tome-se o exemplo dos modelares sonetos que nos deixou e que foram reunidos em 1996 no volume *Todos os sonetos* de Alphonsus de Guimaraens Filho. Nele, o poeta nos ensina, pelo menos, duas graves e belas lições: uma, a de que o soneto, cujas obscuras origens remontam à produção poética dos trovadores provençais – ou, mais historicamente, à forma que o siciliano Piero delle Vigne começou a cultivar em meados do século XIII e que, pouco depois, foi aperfeiçoada por Guittone d'Arezzo, o único "pai do soneto" tal como hoje o conhecemos –, sobrevive e sobreviverá a quaisquer revoluções doutrinárias ou eventuais mudanças no gosto estético; outra, a de que o autor do volume em pauta deve ser incluído, sem favor nenhum, ao lado daqueles que com maior mestria o praticaram entre nós, como Cruz e Sousa, Augusto dos Anjos, Manuel Bandeira, Carlos Drummond de Andrade, Jorge de Lima, Olavo Bilac, Raimundo Correia, Odylo Costa, filho, Dante Milano, Carlos Pena Filho ou Alphonsus de Guimaraens, pai do poeta. E pasmem: a coletânea reúne nada menos que 296 sonetos, e em nenhum momento se pode dizer que haja desnível entre eles. Pode-se, isto sim, preferir este ou aquele, mas seria apenas uma idiossincrasia e irrelevante questão de gosto pessoal, pois a perícia é a mesma em cada um deles – e, mais do que esta, é a mesma a autêntica e funda emoção que os inerva a todos. Não foi à toa, portanto, que assim o entenderam, antes de nós, poetas e ensaístas da estirpe de Manuel Bandeira, Mário de Andrade, Sérgio Milliet, Drummond, Lúcia Miguel Pereira e José Guilherme Merquior, entre tantos outros.

Herdeiro do lirismo intimista e da reflexão religiosa de que se nutriram muitos de nossos simbolistas, os sonetos de Alphonsus Filho, que se distinguem da produção daquela escola pela intrínseca modernidade de seu espectro temático, são como que organismos vivos, e penso que cabe aqui esta observação algo tautológica, porque, em sua grande maioria, os poetas que entre nós se afeiçoaram ao soneto nada mais fizeram do que cultivá-lo *in vitro*, tornando assim caduca uma forma que, em sua dinâmica e coesa estrutura, simplesmente não tem idade, como não a têm, de resto, a balada, a ode, o hino, a canção ou qualquer outro gênero de composição poética. Não é a forma em si que envelhece, e sim quem a cultiva. E se não raro a envelhecem, também a envilecem, como aconteceu com muitos dos integrantes da Geração de 45. Segundo cremos, a propósito, sua sensibilidade poética transita do Simbolismo ao Modernismo, mas não passa ortodoxamente, como aqui já sublinhamos, pelo formalismo de 45. Seus esplêndidos e densos sonetos são menos fôrma do que forma, e nesta o que encontramos jamais se dissocia de um conteúdo que lateja a cada passo, ou seja, de uma emoção que lhe dá vida e, consequentemente, permanência. E só um poeta de sua técnica seria capaz desse milagre, que é, de resto, o milagre de toda grande e duradoura arte.

Temos nesses sonetos uma difusa multiplicidade de temas e problemas: os do amor, da morte, da fugacidade do tempo, do sentido profundo da fé, da caducidade e da contingência das coisas, do desespero humano, da ausência nostálgica de um mundo que se perdeu ou, como diria Leopardi num poema que dedicou a si mesmo, da *"infinita vanità del tutto"*. Temos neles, ainda, não apenas o zelo pelas mais caras tradições da língua, mas também o pleno e fundo conhecimento da forma que elegeu o poeta: Alphonsus Filho esgrima aqui todas as vertentes dessa difícil, contida e traiçoeira arte, desde o soneto que se cristalizou durante a vigência do *dolce stil nuovo*, com Dante, Petrarca e Camões, àquele que Surrey e Wyatt modificaram para criar o *link-sonnet*, depois cultivado por Shakespeare, com três quartetos e um dístico rimado. O que mais surpreende neste espantoso *récueil* de quase trezentos sonetos é a espontaneidade e a graça com que foram escritos, como se o autor nos desse a impressão de que está livre justamente por estar cativo. O exemplário é, por assim dizer, cornucópio, e fica difícil, ou quase impossível, recorrer a uma única amostra para que o leitor nos dê crédito. Enfim, que baste o magistral soneto que Alphonsus dedica a Dante Milano:

"A névoa como uma montanha andando..."
"Pálida como uma mulher da lua..."
Já a vida se esgarça e em luz flutua,
desce a noite irreal, vão desmaiando

as invisíveis flores, e cantando
o claro sonho, o sonho que é a presença
mais casta, em cujas mãos repousa a imensa
noite, pelas estrelas resvalando...

E a cousa branca mais se esquiva, ansiosa
de paz e ausência, doce e luminosa,
para que nela a cabeça ainda deponha

o poeta que o sonho transfigura,
que o sonho envolve, e na luz cega e pura
irreal se torna, e existe porque sonha.

Mas nem só de sonetos sobrevive a poesia de Alphonsus de Guimaraens Filho, bastando para tanto percorrer a sua imensa obra, reunida afinal em 2003 sob o título de *Só a noite é que amanhece*, onde estão coligidas as 23 coletâneas poéticas que publicou, excetuando-se apenas a última, *33 poemas*, organizada por seu filho, Afonso Henriques Neto, também poeta, em 2007. Já por ocasião de sua estreia com *Lume de estrelas*, em 1940, observa Manuel Bandeira: "Este *Lume de estrelas* atesta um grande poeta, não é reflexo da poesia paterna, mas estrela de luz própria", que nos revela um "poeta forte, chegado ao inteiro domínio do seu instrumento". E a este se seguiram os juízos consagradores de Carlos Drummond de Andrade, Alceu Amoroso Lima, Augusto Frederico Schmidt, Álvaro Moreyra, Danilo Gomes, Wilson Martins, Guilhermino César, José Guilherme Merquior, Oscar Mendes, Massaud Moysés, Alfredo Bosi, Gilberto Mendonça Teles, Lúcia Miguel Pereira, Sérgio Milliet, Fausto Cunha, Vivaldi Moreira. Enfim, a lista seria infindável, o que atesta de forma cabal a importância e a permanência desse poeta admirável, tanto mais admirável porque jamais pretendeu sê-lo, fiel à sua maneira de ser, sempre recluso e mineirissimamente silencioso, alheio às glórias mundanas.

É curioso assinalar, no caso de um poeta que se encaminhou gradualmente para medidas métricas cada vez mais breves e concisas, a polimetria dos poemas que compõem *Lume de estrelas* e vários outros de seus livros. Isso talvez se explique, como já observamos, pelo fato de que Alphonsus Filho se situa numa fase de transição entre a distensão da linguagem dos poetas da década de 1930 e o formalismo da Geração de 45, cujos representantes, como ironicamente já se observou, possuíam nomes longuíssimos e escreviam poemas curtíssimos. A exceção seria Lêdo Ivo, um nome com apenas sete letras, cujos primeiros poemas, pelo menos até *Acontecimento do soneto*, publicado em 1946, eram por assim dizer fluviais. E fluvial voltaria a ser ainda nas odes que escreveu. No caso de Alphonsus Filho é inegável, já nesses poemas iniciais, a sua herança simbolista. Leiam-se, por exemplo, os versos da primeira estrofe do poema "Jamais", que abre *Lume de estrelas*:

> Jamais me ajoelharei com tanta fé nos adros,
> com tanta paz no coração que é um pássaro fugitivo
> [em uma estrada sombria,
> com tanta luz nos olhos que são como lumes acesos
> [aos pés de Deus.
> Ai! deixai-me ficar assim, unido ao pó, como uma
> [sombra apenas,
> unido ao pó agitado pelo vento como as lágrimas
> [da chuva,
> unido ao pó como a bruma por sobre as lápides
> [dos cemitérios.

É como se o poema tivesse sido escrito na enevoada Mariana, onde por tantos anos viveu seu pai. "Pobre Alphonsus! Pobre Alphonsus!" E nele são evidentes as fundas raízes simbolistas de Alphonsus Filho. Mas é bom não confundir, pois são muito distintos a dicção e o ritmo poético de ambos. E aqui me amparo numa passagem do artigo que Manuel Bandeira publicou no *Jornal do Brasil* em 14 de setembro de 1960: "Nunca me apliquei a um cotejo entre a obra do pai e a do filho, mas tenho a impressão que a autonomia do filho em relação ao pai é absoluta. O fato é tanto mais notável quanto, apesar das influências modernas, Alphonsus Filho se afirmou sempre com um fundo simbolista irredutível. Pode-se dizer que ele e Onestaldo de Penafort são os dois grandes poetas de hoje em que persiste intata a sensibilidade simbolista."

Essa impressão de Bandeira haveria de confirmar-se com relação aos poemas que Alphonsus Filho escreveu ao longo de toda a sua longa vida. E aqui caberia um breve esclarecimento sobre aquilo que considero a absoluta modernidade do Simbolismo. Na verdade, toda manifestação artística pressupõe o concurso das formas simbólicas. Quando uma determinada obra não consegue suplantar o nível da alegoria, torna-se inferior. A alegoria dirige-se apenas ao raciocínio do leitor, sem sugerir nenhuma emoção, essa emoção simbólica que o pensador italiano Benedetto Croce chama o "lirismo" da obra, e a forma desse lirismo é o símbolo, que fala não somente ao nosso intelecto, mas antes a toda a nossa personalidade. Enquanto a alegoria estabelece uma relação exata entre um determinado sistema de ideias e um sistema de imagens, não ocorrendo assim a possibilidade senão de um único sentido, o símbolo, ao contrário, não corresponde exatamente à ideia abstrata que exprime, o que permite, por isso mesmo, múltiplas interpretações. A alegoria não passa de uma tradução poética de pensamentos racionais, como ocorre nos casos das obras escritas durante a baixa Idade Média e as primeiras décadas da Renascença, enquanto as obras de arte simbólicas são férteis em significação, envolvendo sempre maiores desafios para a crítica. É de se lamentar assim que, no Brasil, ao contrário do que ocorreu em outras literaturas, o movimento simbolista tenha eclodido antes do Parnasianismo, que levou ao esquecimento momentâneo poetas como Cruz e Sousa, Alphonsus de Guimaraens e esse hoje pouquíssimo lembrado Severiano Resende. A poesia de Alphonsus Filho justamente resgata, em meados do século XX, essa grande tradição que se perdeu.

Há muitos outros aspectos, todavia, que devem ser assinalados na obra poética de Alphonsus Filho. Já falamos aqui de seu lirismo intimista e de sua inequívoca adesão às formas simbólicas da linguagem. Mas há ainda a vertente do misticismo, tão bem lembrada por Carlos Drummond de Andrade em sua crônica "Entre Deus e o silêncio", incluída em *Passeios na ilha*. Diz ele: "Dir-se-ia que a incursão inevitável pelos domínios do amor humano o terá preparado para avaliar e esgotar as riquezas do amor divino." Acrescenta Drummond que a observação carece de valor, "pois as tendências místicas neste poeta são realmente inatas", e seria "frívolo dizer que apenas as recebeu, em herança espiritual, de seu glorioso pai". É que tais bens, conclui Drummond, "não se transmitem necessariamente, e admirável é que o filho de nosso grande poeta seja por sua vez poeta, e muito mais ainda que se afinem os temperamentos na preferência pela mesma ordem de temas e sugestões", entre os quais se podem incluir os da morte, da noite, do sonho e do mistério da existência.

É essa inquietação metafísica que o leva a identificar-se com o cristianismo e a fixar sua poesia no ambiente que melhor a desenvolveria, como se vê em muitos dos poemas do livro *O irmão*, publicado em 1950, nos quais a poesia de Alphonsus Filho, cujos laivos de sombra não fazem senão realçar a luminosidade em que se move, tangencia a manifestação de um estado permanente da alma em êxtase diante de seu criador. Lembra ainda Drummond, com base em famoso estudo de Rolland de Renéville, "que os místicos e os poetas, embora diferindo em suas rotas sob tantos pontos, acabam por alcançar, em fase final da experiência, um modo comum de conhecimento, que é a consciência tenebrosa", uma espécie de "luz sem sol", tal como o vemos em Novalis, Santa Teresa de Ávila e San Juan de la Cruz, que nos fala de uma "noche oscura del espíritu". E Alphonsus Filho alcança essa realidade tenebrosa, o que vale dizer: o sentimento místico da vida elevou-se à maior altura poética. E é isto o que se pode perceber nestas quatro pequenas estrofes do poema "Espírito e vida":

> Senhor, na minha fraqueza.
> não sei Te ver... Entretanto
> como o pão de Tua mesa.

Não sei Te ver quando estou
preso ao mundo, e tenho o espanto,
e tenho as trevas do mundo.

Bebi Teu sangue e desejo
mais luz... Se me deste a vida,
se me deste a claridade,
a claridade surpresa,
encharcada de pureza,

quero mais luz e mais vida
como quem busca no mundo
mais infância e mais infância.

 Constituída de mais de vinte coletâneas, a obra poética de Alphonsus Filho é numerosa e diversificada, mas conserva, desde a estreia do autor, aos 22 anos de idade, uma espantosa coesão temática, formal e estilística, o que em parte se explica pelo fato de que ele já revela, apesar de muito jovem, uma desconcertante maturidade poética, tanto assim que *Lume de estrelas* obteve, quando de seu lançamento em 1940, a unanimidade da crítica e dos grandes poetas da época. E mais: para quem, como Alphonsus Filho, produziu copiosamente ao longo de quase setenta anos de atividade como poeta, custa crer tenha ele mantido, durante todo esse tempo, tão alto nível de realização estética, um nível, aliás, que nos dá a impressão de não ter sido jamais necessariamente buscado, assemelhando-se antes a algo que lhe foi doado como autêntica bênção, não importa aqui se por Deus ou por qualquer outra misteriosa entidade. Isso nos remete à sensação que nos assaltou quando lemos pela primeira vez, lá pelos anos 60, a poesia de Alphonsus Filho. E essa sensação era a de que estávamos diante de uma condição raríssima em qualquer literatura: a do poeta puro, a do *poeta assoluto*, como a pretendia para si o galês Dylan Thomas.

Tamanha é a sua comunhão com os temas que desenvolve que parece nunca haver fendas entre estes e a personalidade do autor, como se tudo se reduzisse a um tecido inconsútil, sem emendas ou costuras. Daí, talvez, a simplicidade e a doçura com que nos fala, sempre alheio a qualquer enfeite ou artifício, recurso que encontramos amiúde nos poetas de hoje. Sua poesia é como um prolongamento natural de sua alma, e é nisso que reside o mistério de sua funda religiosidade. Seu verso não revela nenhum vestígio de circunstância: é pura e estrita essência. Sob esse aspecto, somente Manuel Bandeira, Dante Milano e Odylo Costa, filho, se lhe podem comparar. Não há em Alphonsus Filho aquele afã construtivista que observamos em João Cabral de Melo Neto ou Ferreira Gullar, dois altíssimos poetas que lhe são, aliás, contemporâneos de geração. É claro que nele há sempre busca, há trabalho, há transpiração, há às vezes até desespero diante da palavra ou da forma que se procura e não se encontra. E há, acima de tudo, o instinto criador. Por isso, sua poesia flui com tanta espontaneidade, fiel às exigências de um ritmo sutil e afinado que todo grande poeta traz consigo desde o berço.

Mas vejo agora, ao fim desta conferência, que cometi um imperdoável equívoco: falei demais sobre o poeta e quase não deixei que ele próprio falasse. Vamos tentar reparar esse erro. Entre as muitas formas poéticas cultivadas por Alphonsus Filho, avulta, sem dúvida, a do soneto, como aqui, aliás, já comentamos. Mas algo talvez tenha ficado por dizer. Disse-o, exemplarmente, José Guilherme Merquior quando, no ensaio "Arte maior do soneto", incluído no livro *O elixir do Apocalipse*, observa, confirmando um pouco o que eu mesmo sublinhei no parágrafo anterior, que Alphonsus Filho "oculta os andaimes da técnica numa acentuada singeleza de expressão, e numa economia vocabular que lembra a lição de Bandeira. Aliás, Alphonsus é, como esse outro fino sonetista que foi Odylo Costa, filho, um poeta que foge ao enfeitismo pirotécnico da maioria das vozes de sua geração", e que, sob a influência do "despojamento bandeiriano, irá também evitar até mesmo alguns traços do lirismo de seu pai, o grande simbolista de Mariana". Sábias palavras. Mas que a última palavra fique, não comigo ou Merquior, e sim com o poeta que nos ensina o que significa essa arte maior do soneto. Ouçamo-lo:

> Nem sei se blasfemei. Se blasfemei,
> Deus passe um pano sobre tanto sujo.
> Sinto-me exausto numa torre cujo
> vértice tento atingir e não verei.

Nem sei se blasfemei. Apenas sei
que muita vez suponho que em vão rujo,
que me rebelo eu, um caramujo
que nem a própria casa salvarei.

Nem sei, nem sei se blasfemei. Apenas,
olhando agora para trás, concluo
que eu devia cantar ou ter cantado

não os meus males só, não minhas penas,
mas a Beleza em que já me diluo,
em que me integro, Deus seja louvado.

2009

Machado de Assis
E A ARTE DO CONTO

JÁ SE DISSE – E NÃO SEM ALGUMA RAZÃO, embora dela eu não partilhe –, que Machado de Assis foi maior contista do que romancista, como pretende, entre outros, sua biógrafa Lúcia Miguel Pereira. Machado nos deixou cerca de duzentos contos, os quais foram compostos durante quase toda a sua vida de escritor, desde 1858, quando contava 19 anos, até 1907, um ano antes da sua morte. Esses contos foram sempre relegados a segundo plano com relação aos romances, muito embora como contista seja ele um dos mais finos cultores entre nós, podendo ser comparado, sem nenhum favor, aos mais refinados de sua época em qualquer literatura, como Tchekhov, Maupassant ou Henry James. Entre os nossos críticos que mais se ocuparam do conto machadiano, convém lembrar aqui Alfredo Bosi, Antonio Candido, Raymundo Faoro, José Carlos Garbuglio, Valentim Facioli, Paul Dixon e, mais recentemente, o inglês John Gledson. Este último sublinha o gosto do autor pela anedota e sua tendência a valorizar aspectos aparentemente triviais da vida social, mas que deitam uma luz inesperada sobre assuntos capitais. Além disso, Machado prezava sobremaneira os autores que narram fábulas curtas, com uma moralidade irônica – Esopo, La Fontaine, Swift –, ou que preferem gêneros mistos, metade ensaio, metade ficção, como Charles Lamb ou Thomas Carlyle.

Boa parte do sabor desses contos vem de sua íntima relação com o Rio de Janeiro, cidade onde nasceu o escritor e da qual somente se afastou por dois brevíssimos períodos: quando de sua ida a Barbacena e durante os quarenta dias que permaneceu em Nova Friburgo por razões de saúde. Isso explica por que todas as histórias curtas que escreveu tenham sido inicialmente publicadas em revistas e jornais cariocas, exceção feita a "Miss Dollar", que abre sua primeira coletânea no gênero, *Contos fluminenses* (1870), e a cinco das que se incluem na última, *Relíquias de casa velha* (1906). No *Jornal das Famílias*, por exemplo, Machado publicou setenta contos entre 1864 (quando começou seriamente sua trajetória de contista) e 1878. Em *A Estação* aparecem 37 contos, escritos entre 1879 e 1898, e na *Gazeta de Notícias* outros 56, que pertencem ao período de 1881 a 1897. Pode-se assim concluir que a esmagadora maioria de seus contos, 163, foi dada à estampa nessas três publicações, as duas primeiras dedicadas ao público feminino, matéria-prima dos admiráveis perfis psicológicos que o escritor traçou da mulher brasileira de sua época. Ou talvez de qualquer época, pois muitas delas guardam uma surpreendente atualidade.

Toda a produção da contística machadiana está reunida em sete volumes: *Contos fluminenses* (1870), *Histórias da meia-*

noite (1873), *Papéis avulsos* (1882), *Histórias sem data* (1884), *Várias histórias* (1896), *Páginas recolhidas* (1899) e *Relíquias da casa velha* (1906), aos quais se poderiam somar duas outras publicações póstumas, *Outras relíquias* (1910) e *Novas relíquias* (1932). A mais recente edição de todos esses contos, num total de 189 textos de autoria definitivamente comprovada, acaba de ser lançada no Brasil sob o selo da Editora Nova Aguilar, correspondendo ao segundo volume de um conjunto de quatro que reúnem toda a obra literária que nos legou o "Bruxo" do Cosme Velho. Mas, afinal, de que tratam esses contos? E qual a sua matéria, que de tão humana e enraizadamente brasileira se mantém até agora viva em nossas mentes e em nosso imaginário? Em primeiro lugar, a mulher, a mulher da época em que viveu o escritor, a da burguesia emergente do Segundo Reinado, e que parece cristalizar-se em definitivo nessa ambígua e jamais cabalmente decifrada Capitu de *Dom Casmurro*, a "cigana oblíqua e dissimulada de olhos de ressaca", a irresistível, sensual e sombria onda em que se afogaram Bentinho e Escobar. E são essas mulheres que povoam considerável parte dos contos machadianos, nos quais se analisa com minudência percuciente e até com certa crueldade seus pequenos dramas ou angústias. Bastaria aqui lembrar, entre outros, os magistrais perfis femininos que desfilam em "Miss Dollar", "A mulher de preto", "O segredo de Augusta", "Confissões de uma viúva moça", "Linha reta e linha curva", "A parasita azul", "O relógio de ouro", "D. Benedita", "Uma senhora", "Noite de almirante", "A senhora do Galvão", "Primas de Sapucaia",

"A cartomante", "Uns braços", "A desejada das gentes", "D. Paula", "Mariana", "Missa do galo", "Eterno" e "Viagem à roda de mim mesmo" para que se tenha uma ideia do quanto Machado de Assis mergulhou na alma de seus volúveis modelos.

Há muito mais, todavia, pois não podemos aqui esquecer as outras vertentes de que se nutre o conto machadiano, como as do humorismo, da ironia, do ceticismo, da análise psicológica dos tipos, da crítica de costumes, da dúvida, da hesitação, da ideia fixa de perfeição, da loucura, do sadomasoquismo, do antagonismo entre a aparência e a realidade, dos conflitos da dupla personalidade, da avarícia e de muitos outros temas de perene universalidade. E há, acima de tudo, o estilo incomparável, esse estilo de vaivém que se materializa nos volteios e oscilações do pensamento, na fluidez da linguagem, na ambiguidade do processo narrativo e até mesmo na evanescência do enredo, o que o aproxima de um contista da estirpe de Tchekhov. Talvez a nota mais vívida desse estilo seja a da oralidade, o que confere aos contos machadianos aquele tom de conversa de quem conta uma história, de modo que neles quase não se percebe a diferença entre a linguagem escrita e a falada. Por isso mesmo, Machado de Assis é o menos *literário* de nossos contistas. Guiado pelo dom, pela vocação de contador de histórias, ele transmite ao leitor a sensação de que está, não lendo, mas ouvindo contar. E aí reside a suprema graça de seu estilo, pois uma história não se deve ler, deve-se escutar.

Na esperança de que todos entendam o que aqui anteriormente se disse, e para que se possa avaliar melhor em que medida a trama ficcional de alguns contos do autor antecipa ou se desenvolve paralelamente à dos romances que escreveu, decidi aventurar-me à análise desse conto exemplar que se intitula "Uns braços", cujo tema, aliás, aflora ainda em outra página machadiana antológica desse difícil e traiçoeiro gênero literário: "Missa do galo". E não só nesses contos nos fala de braços o "Bruxo" do Cosme Velho, pois vamos reencontrar o mesmo tema nas *Memórias póstumas de Brás Cubas*, onde aparece como alusão apenas discreta, em *Quincas Borba*, onde ressurge mais claro e mais cantante, e com mais ênfase ainda em *Dom Casmurro*, onde merece do mestre um capítulo inteiro em que Bentinho nos fala dos braços de Capitu. Lê-se ali:

> Eram belos, e na primeira noite em que os levou nus a um baile, não creio que os houvesse iguais na cidade, nem os seus, leitora, que eram então de menina, se eram nascidos, mas provavelmente estariam ainda no mármore, donde vieram, ou nas mãos do divino escultor. Eram os mais belos da noite, a ponto de me encherem de desvanecimento. Conversava mal com as outras pessoas só para vê-los, por mais que eles se entrelaçassem aos das casacas alheias. Já não foi assim no segundo baile; nesse, quando vi que os homens não se furtavam de olhar para eles, de os buscar, quase de os pedir, e que roçavam por eles as mangas pretas, fiquei vexado e aborrecido.

Há em Machado de Assis algo que já se chamou de reticência, de vagueza, de vaivém de um espírito sempre à beira da dúvida e da insatisfação. Daí a duplicidade comportamental, ou mesmo a polissemia psicológica, de suas personagens. E daí, também, seus mecanismos de recalque sexual, tal qual os vemos em Rubião, em Sofia, em Virgília, em Brás Cubas e, sobretudo, naquela Flora de *Esaú e Jacó*, que hesita entre os namorados gêmeos e não escolhe nenhum dos dois. Flora hesita como o próprio pensamento de Machado de Assis e, como observa Augusto Meyer em seu astucioso *Machado de Assis* (1958), sua "razão de ser é a dúvida que vem de uma neutralização por excesso de clarividência". Flora encarna, como já se disse, o mito da hesitação e, para ela, "a plenitude vive num centro ideal como fantasma inatingível". E esse mito reaparece em contos como "Trio em lá menor", "Dona Benedita", "Um homem célebre", "Missa do galo" e, particularmente, "Uns braços", ou seja, os da severa e ambígua D. Severina.

É curioso observar nesse passo que, embora a verdadeira sensualidade machadiana seja a das ideias, há no escritor um sensualismo tão profundo e enraizado que chega mesmo a atingir, quase sempre através do recalque, as raias da morbidez. Vê-se isso, por exemplo, no capítulo 144 de *Quincas Borba*, onde Palha esquadrinha a perna machucada de Sofia para avaliar os danos que lhe causara uma pequena queda. Vê-se o mesmo, também, nos capítulos "O penteado", "A mão de Sancha" e o já citado "Os braços", de *Dom Casmurro*. E outra vez em *Quincas Borba*, onde se lê, a propósito de Sofia, que seus "braços nus, cheios, com uns tons de ouro claro, ajustavam-se às espáduas e aos seios, tão acostumados ao gás de salão". Pode-se dizer que a sensualidade machadiana obedece às leis de um rio profundo e insondável que parece muito manso, mas que carrega em suas águas segredos de correnteza e caprichos de longo e acidentado curso. Há mesmo, nesses poucos trechos a que recorri – e eles são muitíssimos –, uma certa obsessão tátil e visual matizada de inequívoco fetichismo, como é o caso dessa voluptuosa alusão aos braços.

E prova disso são os contos "Missa do galo" e "Uns braços", que cristalizam a finíssima essência da arte machadiana. Observe-se que, no primeiro deles, D. Conceição desvela apenas um tímido trecho de seus braços, amostra suficiente, contudo, para que pareçam mais nus do que a inteira nudez. Pelo menos assim os viu o Sr. Nogueira enquanto esperava pela Missa do Galo, entretido na leitura de *Os três mosqueteiros*. Viu-os com tão cúpidos olhos que chegou a observar de si para si: "Não estando abotoadas as mangas, caíram naturalmente, e eu vi-lhe metade dos braços, muito claros, e menos magros do que se poderia supor." E logo adiante, mais detalhístico ainda: "As veias eram tão azuis, que, apesar da pouca claridade, podia contá-las de meu lugar. A presença de Conceição espertara-me ainda mais que o livro." Na verdade, convém acrescentar, espertara-o a tal ponto que foi capaz de dizer consigo mesmo que, embora magra, tinha ela "não sei que balanço no andar, como quem lhe custa levar o corpo", ou seja, como quem custa levar o desejo que lhe pulsa na carne, ou como assim o imaginou que fosse o Nogueira. Mas aqui, como de resto em "Uns braços", não se registra um único abraço, pois ambos os contos pertencem àquela já lembrada vertente da hesitação, essa hesitação que, como já dissemos, irá culminar em *Esaú e Jacó*, onde Flora, personagem que pode ser entendida como o próprio pensamento de Machado de Assis, é uma virgem estéril que, como sublinha Augusto Meyer, "renuncia à escolha e não aceita o sacrifício indispensável à renovação da vida".

Pois bem. Tanto a vertente da hesitação quanto a dos desejos recalcados estão exemplarmente à mostra em "Uns braços". E vale aqui, ainda uma vez, recordar a percuciente análise que esse mesmo Augusto Meyer nos oferece sobre o papel da mulher na ficção machadiana. Diz ele: "Em quase todos os seus tipos femininos, o momento culminante em que a personalidade se revela é o da transformação da mulher em fêmea, quando vem à tona o animal astuto e lascivo, em plena posse da técnica de seduzir. A dissimulação em todas elas é um encanto a mais. Ameaça velada, surdina do instinto, sob as sedas, as rendas e as atitudes ajustadas ao figurino social, sentimos que é profunda a sombra do sexo." Uma sombra, diríamos nós, que às vezes se esbate e se esvai em decorrência da indecisão moral, como acontece em "Uns braços", esses braços que levam Inácio ao êxtase, pois jamais pôs ele "os olhos nos braços de D. Severina que não se esquecesse de si e de tudo".

Bem se vê que Inácio não assume de todo a responsabilidade de sua cupidez e, com a ajuda do narrador, transfere parte da culpa por esse fascínio fetichista à própria dona daqueles braços tão desnudos e lascivos. Assim é que se lê quando o tormento toma conta de sua consciência: "Também a culpa era antes de D. Severina em trazê-los assim nus, constantemente. Usava mangas curtas em todos os vestidos de casa, meio palmo abaixo do ombro; dali em diante ficavam-lhe os braços à mostra. Na verdade eram belos e cheios, em harmonia com a dona que era antes grossa que fina, e não perdiam a cor nem a maciez por viverem ao ar; mas é justo explicar que ela não os trazia assim por faceira, senão porque já gastara todos os vestidos de mangas compridas." E por que, ora essa, não comprara outros? – pergunto-me aqui diante dessa esfarrapada desculpa do moralismo do escritor. Na verdade, sempre que os braços sobem à cena na ficção machadiana, não são apenas eles que estão nus, mas sim todo o corpo de suas personagens femininas.

E vai assim o nosso Inácio aos poucos desesperando, sobretudo quando percebe que a única solução para aquele impasse será fugir da casa de D. Severina, onde reside e de cujo marido é empregado. Mas não o consegue, hipnotizado que está por aqueles braços que, todavia, não o abraçam: "Não foi; sentia-se agarrado e acorrentado pelos braços de D. Severina. Nunca vira outros tão bonitos e frescos. A educação que tivera não lhe permitia encará-los logo abertamente, parece até que a princípio afastava os olhos, vexado. Encarou-os pouco a pouco, ao ver que eles não tinham outras mangas, e assim os foi descobrindo, mirando e amando." E tanto os mirou e amou que D. Severina começou a desconfiar. E a gostar, pelo visto, pois escreve o narrador: "Tudo parecia dizer à dama que era verdade; mas essa verdade, desfeita a impressão do assombro, trouxe-lhe uma complicação moral, que ela só conheceu pelos efeitos, não achando meio de discernir o que era."

Paralelamente, Inácio continua a sofrer e a cogitar de sua fuga, o que de fato acontece no final do conto, coroando assim todo o tortuoso processo da interdição moral. Não se dá, pois, o tão desejado abraço, embora durante todo esse tempo os braços de D. Severina lhe fechem um parêntese na imaginação. Mas o fato é que, antes da fuga, algo acontece, algo que Machado de Assis, mercê de sua inexcedível habilidade ficcional, empurra para uma região fronteira entre o sonho e a realidade, pois somente aí caberia alguma forma de ação, e essa ação, como sempre, é iniciativa da mulher, dessa mulher que, na ficção machadiana, parece ignorar a existência de quaisquer interrogações de ordem moral, jamais cogitando de outra forma de remorso além das inevitáveis interdições impostas por seu decoro. Lembre-se, a propósito, a personalidade de Capitu, na qual subsiste um vertiginoso substrato de amoralidade que tangencia as raias da inocência animal e que, impregnada de desejo e de volúpia, desconhece por completo o que seja o senso da culpa ou do pecado.

Vejamos agora, na trama de "Uns braços" como as coisas surdamente se encaminham, embora, como já antecipamos, esses braços de D. Severina jamais se fechem em torno de Inácio. Mas quem sabe um beijo, um beijo dado em quem dorme e que não sabe que está sendo beijado? E eis aqui como Machado de Assis engendra aquela situação em que o sonho tangencia a realidade. Ao perceber que Inácio não lhe tira os olhos, D. Severina, já convicta de que algo pecaminoso está em marcha, começa também a perturbar-se, e um dia, ao procurar o rapaz em seu quarto por algum motivo doméstico, encontra-o dormindo na rede e põe-se a imaginar que ele possa estar sonhando com ela. Bate-lhe então mais forte o coração, já que, na noite anterior, fora ela que sonhara com ele. Na verdade, desde a madrugada a figura do rapaz lhe andava diante dos olhos como uma tentação diabólica. Dormindo, Inácio lhe parecia até mais belo. "Uma criança", como ela mesma se diz. O alvoroço toma conta de D. Severina, cuja severidade aos poucos se esvai. A rigor, ela passa a ver-se na imaginação do rapaz e, como escreve Machado de Assis, "ter-se-ia visto diante da rede, risonha e parada; depois inclinar-se, pegar-lhe nas mãos, cruzando ali os braços, os famosos braços". E Inácio sempre a dormir e talvez a sonhar, como devaneia Hamlet em seu imortal solilóquio.

Nesse ponto é bem de ver que D. Severina já flutuava também nas águas do sonho e de uma imaginação sem peias, supondo que Inácio, enamorado de seus braços "ainda assim ouvia as palavras dela, que eram lindas, cálidas, principalmente novas –, ou, pelo menos, pertenciam a algum idioma que ele não conhecia, posto que o entendesse". *O crescendo* urdido pelo gênio machadiano atinge agora o seu clímax. E assim nos descreve o mestre a pulsação sensual que toma conta de uma personagem que de severa nada mais tem: "Duas, três e quatro vezes a figura esvaía-se, para tornar logo, vinda do mar ou de outra parte, entre gaivotas, ou atravessando o corredor, com toda a graça robusta de que era capaz. E tornando, inclinava-se, pegava-lhe outra vez das mãos e cruzava ao peito os braços, até que, inclinando-se ainda mais, muito mais, abrochou os lábios e deixou-lhe um beijo na boca."

Aqui, todavia, como adverte Machado de Assis, o sonho coincide com a realidade, e as mesmas bocas se unem na imaginação e fora dela. Aturdida com o que fizera, D. Severina recua e vê-se engolfada pelo vexame. Beijara-o, beijara aquela criança adormecida. E conclui Machado de Assis: "Fosse como fosse, estava confusa, irritada, aborrecida, mal consigo e mal com ele. O medo de que ele podia estar fingindo que dormia apontou-lhe na alma e deu-lhe um calafrio." Inácio afinal deixa a casa do patrão e, ao despedir-se de D. Severina, estranha-lhe a frieza e o azedume. Mas leva consigo o sabor de um sonho, daquele sonho em que se imaginou beijado por alguém que, sem que ele soubesse, o beijara em sonho e na realidade, ou, mais precisamente, nesse território ambíguo e fugidio em que ambos se tangenciam, nesse cenário de penumbra psicológica em que amiúde se movem as personagens machadianas.

A sutileza da urdidura ficcional e a fina psicologia de "Uns braços" fazem desse conto uma obra-prima do gênero. Há nele muito da maturidade espiritual do autor não só como filósofo pessimista, não raro niilista, mas também como estilista, o consumado estilista que foi e que nos assombra até hoje. Muito da sua ânsia de perfeição artística e do impasse em que sempre se debateu a sua alma diante da impossibilidade de realizar uma escolha estão também aí presentes, pois Machado de Assis, se trazia em si a matriz seminal de Rubião, de Bentinho ou de Brás Cubas, trazia sobretudo a de Flora, puro espírito que se consome na contemplação. O "Bruxo" do Cosme Velho foi antes de tudo um cético, um homem que, queiram ou não seus admiradores, nutriu pela vida um ódio entranhado, ou seja, o ódio daquele "homem subterrâneo" de que nos fala Dostoievski e que em tudo confirma este comentário de Brás Cubas: "O voluptuoso e esquisito é insular-se o homem no meio de um mar de gestos e de palavras, de nervos e paixões, decretar-se alheado, inacessível. Ausente..." Como ensina Augusto Meyer – e se aqui outra vez nele me amparo é porque o considero nosso mais astucioso intérprete da obra machadiana –, o mal, no caso de Machado de Assis, "começa com a consciência aguda, pois o excesso de lucidez mata as ilusões indispensáveis à subsistência da vida, que só pode desenvolver-se num clima de inconsciência, a inconsciência da ação". E tudo, rigorosamente tudo, em Machado de Assis obedece às leis da introversão.

Já se observou, a propósito, que nos romances e contos de Machado de Assis não há nenhuma espécie de ação, mas apenas movimentos concêntricos de introversão. Nesse ponto, ele se aproxima vertiginosamente de um Proust, de uma Katherine Mansfield ou de uma Virginia Woolf. Para tais escritores, o drama da "consciência doentia" não se resume apenas no absurdo vital da introversão, e sim no fato de que essa mesma introversão principia com o amor da consciência por si própria, com a obsessão da análise pela própria análise, e daí é que emerge o "homem subterrâneo". Alguns críticos veem nisso carência de pujança, de força ou de movimento profundo. Sobrar-lhe-iam graça, humor e harmonia de estilo, mas faltar-lhe-iam ímpeto e poderio ficcionais. É o que pensa, por exemplo, Mário Matos, quando sustenta que Machado de Assis "filia-se entre os prosadores cuidosos da forma e do gracioso dos pensamentos. Falta-lhe *pathos*. Não tem flama". Parece-me que esse crítico não entendeu que em Machado de Assis, como sublinha Augusto Meyer, havia um "amor vicioso que caracteriza o monstro cerebral, a volúpia da análise pela análise, mas havia também" – e nisso vê o ensaísta o seu maior drama – "a consciência da miséria moral a que estava condenado por isso mesmo, a esterilidade quase desumana com que o puro analista paga o privilégio de tudo criticar e destruir".

Mas é justamente a partir desse substrato de ironia, de ceticismo e de profundo pessimismo que se esgalham o seu gênio e o seu estilo inimitável, sobre os quais muito já se escreveu entre nós, e não seria esse o momento de nos acrescentarmos à ciclópica bibliografia já existente sobre o autor do *Memorial de Aires*. Prefiro, muito ao contrário, recorrer às palavras de um desses intérpretes, mais precisamente um dos menos lembrados nos dias de hoje, o jornalista, político e também acadêmico Alcindo Guanabara, quando, por ocasião da morte do mestre, proferiu um notável discurso propondo à Câmara dos Deputados que se fizesse representar no enterro. A certa altura nele se diz, com palavras muito simples e concisas, que Machado de Assis tinha um estilo seu, próprio, singular, único na nossa e quiçá alheias línguas. Não sei se direi demais dizendo que tinha, ou que fizera, uma língua nova, que novo, ou pelo menos inconfundível, era o português que tratava. Era um irônico, de uma ironia que não era, nem se parecia, com l'*esprit* dos franceses nem o *humour* dos ingleses; uma ironia que superava a de Sterne ou de Xavier de Maistre e dir-se-ia filha da de Anatole France, se não a houvera precedido. Original e único, era um filósofo, um comentador, um crítico, um analista – analista das coisas e dos homens, das almas e dos costumes, dos indivíduos e do meio, das paixões grandes e dos pequenos vícios. Não tinha o sarcasmo dissolvente, mas um doce e benévolo ceticismo.

E são estas, além de algumas e concebidas outras, as virtudes que encontramos em seus romances e contos, como nesse admirável "Uns braços", que aqui tentamos brevemente analisar do ponto de vista da sensualidade recalcada e da hesitação moral, características que emergem, como já dissemos, em muitas das personagens machadianas. No que toca a essa sensualidade, entretanto, conviria aqui repetir que, em Machado de Assis, ela floresce antes no âmbito das ideias do que propriamente no dos sentidos. Caso contrário, seria difícil compreender o que diz a Brás Cubas, em seu delírio, àquela perversa Pandora travestida de mãe Natureza: "Eu não sou somente a vida; sou também a morte, e tu estás prestes a devolver-me o que te emprestei. Grande lascivo, espera-te a voluptuosidade do nada."

2007

Machado de Assis:

170 ANOS

A Alberto Venancio Filho

DURANTE TODO O ANO DE 2008, a Academia Brasileira de Letras mobilizou-se para comemorar, com exposições, ciclos de conferências, mesas-redondas, publicações, exibição de filmes, mostras de manuscritos e relíquias de toda ordem, o centenário de morte de Machado de Assis. E agora mais uma vez aqui nos reunimos para celebrar os 170 anos de seu nascimento, em 21 de junho de 1839, numa chácara do Morro do Livramento. Possivelmente, tudo (ou quase tudo) já se disse e se escreveu sobre a vida e a obra de nosso maior escritor, e não creio que seja esta a hora de tentarmos mais uma inédita ou sequer audaciosa interpretação do imortal legado literário que nos deixou o "Bruxo" do Cosme Velho. A hora é antes de recordá-lo como um dos nossos, de agradecer ao mestre, com carinho, tudo o que ele fez para que a literatura brasileira passasse a ser vista como tal numa época em que, apesar de já possuirmos notáveis escritores, ela ainda não o era como expressão cabal da nacionalidade. E é hora, também, de relembrarmos um pouco o seu empenho para que esta Academia "não morresse do mal de sete dias", como observou certa vez Joaquim Nabuco. Ela lhe deve, acima de tudo, não propriamente a sua fundação, mas a sua definitiva consolidação num momento em que, pobre ou mesmo desvalida, ninguém supunha que pudesse vingar e transformar-se na pujante e operosa casa de cultura de que hoje todos nos orgulhamos.

Como Aleijadinho, Machado de Assis é um milagre, e digo-o aqui porque as épocas em que ambos viveram, aquele ao longo do século XVIII, este na segunda metade do século XIX, não pressupunham a obra que realizariam seja por seu ineditismo criador, seja por sua consecução formal. Explicam-se um Alencar, um Gonçalves Dias, um Castro Alves. Explica-se um Euclides. E explica-se até um Guimarães Rosa. É que suas épocas históricas os previam. E até os exigiam. Não é o caso de Machado de Assis, a quem, se não podemos explicar, pois esta seria uma tarefa do espírito, podemos pelo menos compreender graças à alma que trazemos conosco. Não é que Machado tenha vindo do nada. Sempre se vem de alguma coisa. Mas é que ele vem de estratos sociais muito humildes e cujas condições não lhe permitiriam o desenvolvimento daquilo que entendemos como formação literária ou intelectual. Sabemos hoje, entretanto, que ele não teve uma infância miserável. Longe disso, foi criado e recebeu as primeiras letras numa chácara de pessoas abastadas que dele cuidaram, senão com carinho, ao menos com terna humanidade. Mas, ainda assim, essa infância é pobre e obscura, ou seja, a de um filho de agregados que jamais poderiam um dia enviá-lo a Coimbra, destino de tantos de nossos grandes escritores. O milagre de Machado de Assis é ele mesmo, sua fulgurante intuição, o esforço pessoal que empreendeu como autodidata, a desmesurada e pertinaz ambição que trazia dentro de si. E o gênio da língua, que nasceu com ele.

Romancista, contista, cronista, poeta, crítico literário e teatral, dramaturgo e tradutor, Machado foi um polígrafo numa época em que muito poucos podiam dar-se a esse luxo. Não foi, como julgam muitos, um "dom Casmurro", arredio e enclausurado. Embora tímido por natureza, pagou lá o seu tributo à mundanidade e à existência gregária. Fez incontáveis e duradouros amigos, namorou atrizes e cantoras de ópera. E, enquanto lhe permitiu a saúde, que foi sempre muito frágil, cumpriu o itinerário de um homem do mundo ou, mais do que isso, de um homem do seu tempo, atento aos acontecimentos históricos e político-sociais da época, alguns dos quais decisivos para a formação da nacionalidade, como a Abolição, a guerra de Canudos, a queda da Monarquia e o advento da República, que povoam suas crônicas e seus últimos romances, que já pertencem a um período histórico em que o nosso país deixara para trás as tradições imperiais e mergulhara em sua turbulenta infância republicana, essa fase de transição tão bem retratada pelo romancista de *Esaú e Jacó*.

Mas ao longo desses últimos vinte anos de sua vida havia a doença, que se acentuava, as reminiscências da infância obscura e difícil, o casamento sem filhos, ainda que consabidamente venturoso, a luta sem tréguas pela ascensão social. E nele havia também, como decorrência de tudo isso e de algo mais em sua alma que jamais decifraremos, o pessimismo quase niilista que lhe vem do Eclesiastes e de Schopenhauer, a interminável viagem em torno de si mesmo, em companhia de Sterne, Xavier de Maistre e Almeida Garrett, o vertiginoso mergulho nos estratos abissais da alma humana e aquele vaivém de um espírito sempre à beira da dúvida e da insatisfação que lhe caracteriza a sensualidade das ideias. E aqui é preciso que se entenda, como o fez Augusto Meyer, que o "Bruxo" do Cosme Velho, apesar de seu triunfo literário e social, foi antes de tudo um cético comparável àquele dostoievskiano "homem subterrâneo" em quem o mal "começa com a consciência aguda, pois o excesso de lucidez mata as ilusões indispensáveis à subsistência da vida, que só pode desenvolver-se num clima de inconsciência, a inconsciência da ação", como nos ensina Augusto Meyer.

Se afloro aqui essa questão, que me parece fundamental para que se compreenda não apenas o escritor, mas também o homem reticente e reservado que ele foi, é porque desejo tornar ainda mais clara, nesta cerimônia que lhe recorda os 170 anos de nascimento, o seu decisivo papel na criação e na consolidação desta Academia. O curioso é que, como sublinha o Acadêmico Alberto Venancio Filho em primoroso e pormenorizado estudo sobre o período de onze anos em que Machado de Assis presidiu esta Casa, o grande escritor, quando se cogitou de sua criação, não se revelou muito entusiasmado com a ideia, como se pode ler numa página de 1894 em que duvida da viabilidade de uma Academia Brasileira. Tal pensamento, aliás, está expresso na crônica em que discorreu sobre o termo "engrossador", neologismo de cunho popular então recente proposto por Castro Lopes. Diz lá Machado de Assis: "Mas fosse quem fosse o inventor do vocábulo, certo é que este, apesar de anônimo e popular, ou por isso mesmo, espalhou-se e prosperou. Não admirará que fique na língua e, se houver, aí por 1950, uma Academia Brasileira, pode bem ser que venha a incluí-lo no seu dicionário."

Espírito profético em muitos de seus textos, Machado de Assis equivocou-se aqui duplamente: a Academia acabou sendo criada três anos depois daquela crônica e o tal dicionário da Casa jamais se publicou. O fato é que, quando a mobilização dos intelectuais, tendo à frente Lúcio de Mendonça, tornou-se mais intensa e a viabilidade de criação da Academia converteu-se em algo tangível e mesmo iminente, o autor de *Dom Casmurro* começou a mudar de ideia. A partir de 1895, ano em que José Veríssimo consegue reestruturar, em sua terceira fase de publicação, a prestigiosa *Revista Brasileira*, os intelectuais interessados na criação de uma Academia de Letras passam a reunir-se assiduamente em sua redação, à rua Nova do Ouvidor, nº 31, e entre eles se contavam Machado de Assis, Joaquim Nabuco, Lúcio de Mendonça, Inglês de Sousa, o Visconde de Taunay, Sílvio Romero, João Ribeiro, Oliveira Lima, Graça Aranha e o próprio José Veríssimo. Assim como Lúcio foi chamado o "pai da Academia", a *Revista Brasileira* passou à condição de "mãe" da nova instituição. E foi nessa mesma redação, às três horas da tarde do dia 15 de dezembro de 1896, na presença de 16 intelectuais, além de três outros que se fizeram representar, que se autorizou a criação da Academia e elegeu-se, por aclamação, Machado de Assis presidente da reunião.

Sua eleição como presidente da Casa, entretanto, somente se daria em 4 de janeiro do ano seguinte, quando se escolheram ainda Joaquim Nabuco como secretário-geral e Inglês de Sousa como tesoureiro. Em outra sessão indicam-se Silva Ramos como primeiro secretário e Rodrigo Octavio como segundo secretário. Na última sessão preparatória, em 28 de janeiro de 1897, são aclamados como sócios da nova instituição os trinta nomes constantes da lista inicial, aos quais se somaram em seguida outros dez que iriam perfazer quarenta. "Nós somos quarenta, mas não aspiramos a ser os quarenta", diria Nabuco em frase que se tornou célebre. E foram esses quarenta que participaram da sessão inaugural da Academia Brasileira de Letras, realizada às 8 horas da noite do dia 20 de julho de 1897, numa das salas do Pedagogium, à rua do Passeio, nº 82, prédio já demolido que abrigava um centro de aperfeiçoamento de professores dirigidos pelo historiador e sociólogo Manoel Bonfim e que fora cedido à Academia, a pedido de Medeiros e Albuquerque, pelo então diretor da Instrução Pública.

A presidência da nova instituição era o coroamento da trajetória literária de Machado de Assis, e a ela consagrou o escritor seus últimos onze anos de vida, consolidando-a em definitivo graças à sua sabedoria e ao imenso prestígio de que desfrutava junto a todos os homens de letras do país. Machado a presidiu até poucos dias antes de sua morte, ou seja, durante os "tempos heroicos", quando a Casa não dispunha de recursos nem receita, muito embora não faltassem despesas inadiáveis para a instalação e o expediente. Como conta Alberto Venancio, "o problema da sede estava sempre presente, e a instituição tentava, com o governo, conseguir um lugar próprio". Em 1898, Machado dizia a Magalhães de Azeredo: "A nossa principal questão é casa." E teve início então uma longa peregrinação em busca da sede, a começar pelo Pedagogium, onde a Academia se reuniu entre julho e setembro de 1897, sempre em sessões noturnas. A pedido de Machado de Assis, as reuniões voltaram a ser realizadas ao cair da tarde na redação da *Revista Brasileira*, e em seguida numa das salas do Ginásio Nacional, atual Colégio Pedro II, onde tiveram lugar apenas quatro sessões, de maio a agosto de 1898.

Definido por Rodrigo Octavio como um "local por demais lúgubre e tumular", a Biblioteca Fluminense serviu de novo abrigo à Academia, que ali realizou apenas duas sessões. O endereço seguinte foi o escritório de advocacia de Rodrigo Octavio, à rua da Quitanda, nº 47. E foi nele que a instituição mais vezes se reuniu, tendo lá realizado 21 sessões entre abril de 1901 e maio de 1905. A Academia promoveu ainda algumas solenidades nos salões do Real Gabinete Português de Leitura e no Salão Nobre do Ministério do Interior, na Praça Tiradentes, onde tomou posse o filólogo João Ribeiro, primeiro acadêmico eleito depois de constituída a Academia.

Pouco antes, entretanto, em carta que escreveu a Joaquim Nabuco com data de 7 de outubro de 1903, Machado de Assis anunciava: "A Academia parece que enfim vai ter casa. Não sei se você se lembra do edifício começado a construir no Largo da Lapa, ao pé do mar e do Passeio." E logo adiante: "O governo resolveu concluí-lo e meter nele algumas instituições." Machado estava se referindo ao Silogeu Brasileiro, onde hoje funciona o Instituto Histórico e Geográfico Brasileiro. A designação de "silogeu", palavra grega que significa reunião de homens de letras, foi dada ao prédio por Ramiz Galvão, depois acadêmico. E ali, afinal, juntamente com outras instituições culturais, a Academia conseguiu obter o seu espaço mais duradouro até 1923, quando se transferiu em definitivo para a sede própria do Petit Trianon. Ganhara-se o espaço, mas a Academia não tinha móveis, o que enfim se resolveu graças a uma dotação concedida pelo ministro José Joaquim Seabra, o que permitiu que ali se realizasse uma primeira sessão em 31 de julho de 1905. Machado já havia comentado: "A nossa pequena capela acadêmica já tem santuário." Mas lamentava: "Já é alguma coisa, embora fosse melhor um edifício especial e exclusivo."

Se rememoro aqui um pouco da história dessa penosa e errática peregrinação em busca da sede própria, é para que nos lembremos de como foram difíceis os primeiros anos de nossa instituição e de como Machado de Assis lutou sem trégua para que ela vingasse. Alguns anos antes, queixara-se o escritor a Valentim Magalhães: "A Academia Brasileira de Letras não tem ainda casa própria, vive de empréstimo, onde quer que alguém por amor ou favor consente em abrigá-la durante algumas horas. Que, apesar disso, a Academia teime em viver é sinal de que traz alguma coisa em si." E assim, aos trancos e tropeços, mergulhada na mais absoluta escassez de recursos, reunindo-se apenas esporadicamente graças à obstinação de alguns poucos acadêmicos, sobretudo a de seu presidente, a instituição foi teimando em sobreviver. E aqui estamos reunidos nesta tarde para atestar que a teimosia deu certo.

De julho de 1897 a agosto de 1908, Machado de Assis presidiu todas as 44 sessões realizadas pela Casa, com exceção de duas: uma, cuja presidência coube a Joaquim Nabuco, em 28 de setembro de 1897; e outra, que foi presidida por Medeiros e Albuquerque em 6 de junho de 1908, quando o escritor já estava doente. É curioso que as atas dessas sessões não registrem um único pronunciamento seu como presidente, concluindo-se daí que ele se limitava discretamente a presidir as sessões, ainda que não se eximisse de manifestar certas discordâncias. Na oportuna observação de Josué Montello, quando "na presidência da Academia, Machado de Assis encontrou a solução ideal de sua vocação política. Realizou-se politicamente, sem se afastar da obra literária, e o fez com tato inexcedível, sabendo que se deve compor a vida (...) ponto por ponto". Não fosse seu prestígio de escritor, sua diuturna dedicação à Casa e sua desassombrada obstinação, a Academia Brasileira de Letras não teria sobrevivido. Presidiu sua última sessão em 1º de agosto de 1908, dois meses antes de morrer, na presença de apenas seis acadêmicos. Nesse mesmo dia, ao comentar uma proposta de Joaquim Nabuco relativa à entrada de José Carlos Rodrigues na Academia, respondeu-lhe laconicamente: "Não há vaga, mas quem sabe se não a darei eu?" Deu-a, na verdade, a Laffayete Rodrigues Pereira, que o defendera em 1897 dos furiosos ataques de Sílvio Romero.

"Machado vive!", este foi o título dado pelo presidente Cícero Sandroni à megaexposição que aqui se realizou em 2008 para assinalar o transcurso do centenário de morte de Machado de Assis. E ele vive outra vez nesta tarde, quando reabrimos nossa Academia agora restaurada ao público que desde sempre nos prestigiou. Vive não apenas na memória de cada um de nós, mas em cada friso ou mínimo detalhe arquitetônico deste Petit Trianon que ele não viu. Vive porque foi o mais imortal dentre nós, quer por seu legado literário, quer pelo tenaz empenho com que lutou para que tivéssemos afinal uma casa, a sua Casa, cujo inquilino mais antigo, e talvez eterno, é aquela "glória que fica, eleva, honra e consola".

2009

O MACHADIANO
Astrojildo Pereira

SEMPRE QUE NOS TOCA RECORDAR o legado crítico de Astrojildo Pereira, vem-nos à mente aquela noite em que o autor, ainda muito jovem e desconhecido nas rodas literárias, visitou Machado de Assis em seu leito de morte, beijando-lhe as mãos em silêncio comovido e reverente. Euclides da Cunha, que testemunhou a cena, relatou-a depois na crônica "Última visita". Assim como Euclides, testemunharam-na também outros ilustres intelectuais da época que haviam se dirigido à casa do Cosme Velho para despedir-se do mestre, entre os quais se contavam, além de outros, Mário de Alencar, José Veríssimo, Raimundo Correia, Graça Aranha, Coelho Neto e Rodrigo Octavio, todos eles membros da Academia Brasileira de Letras. Lúcia Miguel Pereira assim registrou aquela inusitada e pungente visita: "Introduzido no quarto do doente, ajoelhou-se, beijou-lhe a mão, e o abraçou numa homenagem quase filial que, se foi percebida pelo mestre, lhe deve ter ido direto ao coração. Esse jovem, cujo nome Euclides da Cunha, na página admirável em que lhe fixou o gesto generoso, dizia ter ficado ignorado era o futuro escritor Astrojildo Pereira."

A cena, como se vê, tem muito de premonitória, mas o autor de *Machado de Assis, novelista do Segundo Reinado* (1942), das *Interpretações* (1944) e do hoje emblemático *Machado de Assis* (1958), além da *Crítica impura* (1963), haveria de percorrer uma longa e atribulada trajetória, para além do âmbito da literatura, antes de seu reconhecimento como um dos mais sagazes intérpretes da obra machadiana, cuja grandeza ele anteviu naquela noite de 28 de setembro de 1908. É que Astrojildo Pereira, pelo menos no início de uma carreira político-ideológica que se estenderia até pouco antes de sua morte, não se ocupou especificamente de nenhuma forma de crítica literária. Nascido em Rio dos Índios, município de Rio Bonito (RJ), a 8 de outubro de 1890, ali permaneceu até o início da adolescência, quando a família se transferiu para Niterói. Aluno do renomado Colégio Anchieta, que os jesuítas mantinham em Nova Friburgo, e do Colégio Abílio, da capital fluminense, Astrojildo não chegou todavia sequer a concluir o curso ginasial, deixando a escola em 1908 para trabalhar como gráfico no Rio de Janeiro. E foi esta a única educação formal que lhe coube.

Participante entusiasmado da Campanha Civilista de Rui Barbosa, logo depois vinculou-se à militância anarquista, no bojo da qual começa a destacar-se a partir de 1912, pouco após uma breve viagem à Europa. Tais convicções, entretanto, são abaladas pelo colapso do movimento anarquista em nosso país e, sobretudo, pela Revolução Bolchevista de outubro de 1917, que calaria fundo no espírito irrequieto de Astrojildo. Assim é que, já ao alvorecer da década de 1920, adere ao comunismo e torna-se o principal articulador da fundação, em 1922, do Partido Comunista Brasileiro, do qual foi secretário-geral até 1930. Em razão de divergências político-doutrinárias com seus pares, afasta-se do partido durante a década seguinte e recolhe-se ao interior do estado, sobrevivendo de um parco comércio de frutas até a crise do Estado Novo, em 1945, período em que mantém intacta a sua dignidade como homem e militante, o que levou Graciliano Ramos a escrever: "Quando muitos intelectuais se vendiam, Astrojildo, para aguentar-se na vida, preferia vender frutas numa quitanda." Apesar da humildade desse comportamento recluso, jamais nele se percebeu nenhum indício de ranço ascético ou transigência com relação aos princípios que defendia. Pessoalmente, inclusive, Astrojildo era um companheiro cordial e homem de posições sempre firmes e transparentes.

Embora tenha retornado aos quadros atuantes do PCB após a queda da ditadura Vargas, seu prestígio no aparelho partidário revela acentuado declínio nos anos que se seguem, passando o escritor a desenvolver suas atividades apenas na área da política cultural. Ao longo da década de 1950, por exemplo, desempenha papel expressivo no esforço para a renovação do debate marxista no país por meio da revista *Estudos Sociais*, que dirige de 1958 a 1964. O golpe militar desse último ano, com seu encarniçado ódio anticomunista, praticamente pôs fim à fecunda trajetória política e literária de Astrojildo Pereira, que pertenceu ainda, nos últimos anos de sua vida, à Comissão Machado de Assis, criada pelo governo federal com o objetivo de estabelecer o cânon literário machadiano. Preso e humilhado pelos agentes da repressão, tem sua casa no Rio Comprido saqueada e seus livros apreendidos. Sai doente da cadeia e sobrevive apenas por dez meses, vindo a falecer em novembro de 1965, pouco após completar 75 anos.

Graças à astúcia de suas observações, que fazem aflorar pormenores aparentemente insignificantes, e à riqueza das sugestões analíticas que fornece para ulteriores estudos machadianos, os textos de Astrojildo Pereira relevam por privilegiar, de forma intuitiva e mesmo pioneira, as qualidades estéticas e o caráter nacional-popular dos romances de Machado de Assis. Embora algo pobre e limitada do ponto de vista teórico, sua contribuição ensaística, ao lado das de Raimundo Magalhães Junior, Brito Broca e Barreto Filho, sepultou a tese de alguns biógrafos e estudiosos machadianos segundo a qual na obra do escritor sobressaíam os traços do absenteísmo e do apoliticismo, bem como de sua alienação relativamente ao meio social da época. O *Machado de Assis* de Astrojildo Pereira revela, muito ao contrário, a imagem de um escritor que foi retrato do tempo em que viveu e com ele se identificou no que toca aos princípios constitucionais da sociedade imperial, refletindo-os em sua obra na condição de um ficcionista do Segundo

Reinado, o que levou à conclusão de que essa mesma obra possuía um forte sentido político-social. É assim não apenas bem-vinda, mas sobretudo oportuna, a presente segunda edição do *Machado de Assis* desse crítico literário que consagrou, com irrestrito amor e pertinaz devoção, boa parte de sua vida aos estudos sobre o autor de *Dom Casmurro*.

2008

Riacho Doce:
LIÇÃO DE MATURIDADE

PUBLICADO EM 1939, um ano depois da vinda do autor para o Rio de Janeiro, *Riacho Doce* já não pertence àqueles dois ciclos – "da cana-de-açúcar" e do "cangaço, misticismo e seca" – em que José Lins do Rego desejaria que fosse distribuída a sua obra ficcional. No primeiro seriam incluídos os romances *Menino de engenho, Doidinho, Banguê, Usina* e *Fogo morto*; e, no segundo, *Pedra Bonita* e *Cangaceiros*. Mas *Riacho Doce*, assim como *Pureza* e *Moleque Ricardo*, de alguma forma nos remete ao primeiro daqueles ciclos, dos quais só estão inteiramente desligados *Água-mãe* e *Eurídice*. Embora algo ortodoxa, essa catalogação tem lá sua pertinência conceitual, pois cabe aqui recordar que naquelas duas vertentes se encontram os romances em que o autor procede a um exaustivo e meticuloso rastreamento de todo um sistema econômico de origem patriarcal, com o trabalho semiescravo do eito, ao lado de outro aspecto significativo da vida nordestina, ou seja, o cangaço e o misticismo, aos quais se somam seu intenso memorialismo e o caráter telúrico de suas personagens.

RIACHO DOCE: LIÇÃO DE MATURIDADE

Observa Josué Montello no estudo introdutório a *Ficção completa* de José Lins do Rego que *Riacho Doce*, à semelhança de *Água-mãe* e *Eurídice*, seria "um romance criado de fora para dentro, ao contrário dos demais, na obra de José Lins do Rego, e que lhe vieram de dentro para fora", ou seja, sob a forma de vivências anteriores, "amalgamadas ao seu próprio ser, na condição de reminiscências de infância e juventude". Assim é que a ação da primeira parte do romance, "Ester", transcorre no interior da Suécia, como se Lins do Rego pretendesse dar uma resposta àqueles críticos que o acusavam de recorrer apenas aos elementos que lhe fornecia a imaginação da memória. Edna, a personagem nuclear de *Riacho Doce*, é uma sueca, mas, ao criar seus tipos nórdicos, o romancista nos dá da Suécia, país onde nunca esteve, uma visão algo asséptica ou mesmo convencional, e, como sublinha Mário de Andrade, "sem grande interesse como Suécia, mas não menos plausível que o México de Aldous Huxley, que no entanto esteve no México". Na verdade, o segredo da opulência ficcional da personagem Edna reside na trágica oscilação de seu comportamento psicológico, e, nesse particular, como adiante veremos, Lins do Rego nos dá sua lição de grande escritor.

O enredo é pouco menos que banal: após um relacionamento ambíguo com sua professora e a tentativa de suicídio resultante de sua condenação pela sociedade local, Edna, já então casada com o engenheiro Carlos, viaja para o povoado praieiro de Riacho Doce, onde o marido irá dedicar-se às atividades extrativistas em busca de petróleo e onde ela viverá a sua trágica aventura brasileira com o mulato Nô. Há uma certa simetria na estrutura romanesca, pois se na primeira parte do livro ocorre o ato desesperado de Edna, no final do terceiro, o suicídio se consuma quando esta, diante do amor impossível por Nô, entra no mar e deixa que as ondas levem para sempre o seu corpo. E algo simétricos são, também, os processos de ruína física e moral a que Edna submete tanto o marido quanto o amante, o que confere à narrativa, não obstante a consabida espontaneidade expressiva do autor, um agudo sentido de construtivismo ficcional. Lins do Rego conduz com mão de mestre a sua história, e o leitor, como que hipnotizado, não consegue dela desviar os olhos, pois há no texto tudo aquilo que fez do escritor um dos expoentes do grande romance nordestino: dramaticidade narrativa, ritmo tenso e ofegante, opulência das personagens, telurismo nostálgico, linguagem matizada de pulsações poéticas, preocupação com as estruturas sociais e o misticismo característico da região, como se vê na figura autoritária e profética de Sinhá Aninha, espécie de líder religiosa de Riacho Doce.

Restaria uma palavra sobre o estilo literário de Lins do Rego, no qual avultam as vertentes da oralidade, da evocação da memória com auxílio da imaginação (ou seja, como lucidamente observa Olívio Montenegro, "evocar menos como quem recorda do que como quem recria e alonga o passado no presente") e do lirismo narrativo, que, todavia, irá adquirir um tom dramático ou mesmo trágico – como é o caso específico de *Riacho Doce* – do longo processo de amadurecimento do escritor. Não são poucos, entretanto, os que denunciam em Lins do Rego certa adiposidade expressiva, além de contumazes descuidos com a linguagem e o estilo. Sustentam, ainda, que se trata de um autor cuja formação literária pagaria óbvio tributo à pressa e à *leviandade* jornalística e que lhe faltaria, a rigor, o embasamento filosófico e cultural de uma visão de mundo capaz de absorver, no plano ficcional, toda a complexidade do homem contemporâneo. Mas, se analisado apenas sob esse ângulo, perder-se-á o que de mais puro existia no escritor: aquele transbordamento a um tempo lírico e telúrico que foi o seu traço mais genuíno e ao qual, sabiamente, o ficcionista jamais renunciou.

Muito a propósito, aliás, diz Lêdo Ivo em *Confissões de um poeta* que Lins do Rego deve ser analisado apenas e necessariamente "através do abuso e do excesso", desse vitalismo cósmico que o levou a interpretar a realidade de um ponto de vista antes romântico do que sociológico – em *Riacho Doce*, por exemplo, a crítica social e de costumes é apenas um pano de fundo para a paixão que vergasta Edna e Nô – e a aceitar a criação artística enquanto tórrida e torrencial manifestação da vida. O próprio romancista se defendia ao ponderar que, no ato de escrever, se tornaria cúmplice de um processo cujo propósito escatológico era fazer com que a vida triunfasse da morte. E a quem o acusasse de tosco ou desleixado, fazendo-lhe reparos ao estilo e à linguagem, ou intimando-o a acatar as normas gramaticais do bom escrever, o escritor respondia, como o fez no ensaio "Prefiro Montaigne", incluído em *A casa e o homem* (Rio de Janeiro, Simões, 1954): "Reflito sobre os conselhos, faço o meu exame de consciência, e prefiro continuar como sou, incorreto, mas claro, sem a riqueza vocabular dos estilistas, mas fácil, e capaz de chegar ao entendimento de todos." Ou seja, tal como Montaigne, que nos confessa: *"le parler que j'aime c'est un parler simple et naïf, tel sur le papier qu'à la bouche."*

Apesar de sua aqui já lembrada espontaneidade expressiva e de sua ambição de escrever para um tipo de leitor que não estivesse contaminado pelo tom solene e doutoral daquele *"style plaideresque"* de que nos fala Montaigne, o romancista Lins do Rego jamais poderá ser suficientemente compreendido e estimado se visto apenas como um valor absoluto, desvinculado da vertente ensaística que tanto frequentou. É que nesses ensaios, bem como nas crônicas que nos deixou, o autor busca amiúde interpretar-se a si próprio, contribuindo assim para a formação de um acervo de subsídios e indícios que hoje nos permitem decifrar com maior pertinência enigmas relacionados à sua psicologia da composição, à sua vasta e multiforme personália, ao seu método ficcional (ou, como ele próprio sustentava, à sua turbulência e telúrica assistemática), às raízes de seu estilo objetivo e despretensioso – um estilo que se diria "palestrado", de contador de histórias – às suas fontes e preferências estético-literárias. E tudo isso está presente, sob a forma de um milagre ficcional do período de maturidade do escritor, numa obra como *Riacho Doce*.

2009

Tarcísio Padilha
E A ESPERANÇA[1]

É SEMPRE MUITO DIFÍCIL FALAR de alguém que reúne em si uma profusa multiplicidade de vertentes intelectuais e, mais do que estas, espirituais, o que é muito raro, ou mesmo insólito, numa época em que o imediatismo materialista e o hedonismo sem freios fazem tantos discípulos entre nós. Professor, educador, humanista e, acima de tudo, filósofo, Tarcísio Padilha, que completa agora 80 anos e que ocupa desde 1997 a cadeira nº 2 desta Academia, é um exemplo de vida e de conduta moral para seus pares e confrades, muito particularmente para mim, que somente o conheci em 1999, quando ele desempenhava as funções de secretário-geral desta Casa e quando eu, pela primeira vez, cogitei timidamente da possibilidade de candidatar-me a um assento entre os imortais. Dele recebi então um apoio cuja espontaneidade e firmeza me surpreenderam e que, como logo depois percebi, viria a ser decisivo para as minhas aspirações. E esta seria a primeira das

---

[1] Depoimento na sessão comemorativa dos 80 anos do Acadêmico Tarcísio Padilha no Petit Trianon da ABL em 2008.

muitas dívidas que tenho para com ele, a quem devo ainda, além de outras e quase incontáveis lições, o aprendizado de como compreender a Casa de Machado de Assis e de como servi-la sem me servir dela, o que considero de crucial importância para todo aquele que aqui ensaia os primeiros passos e entende que, muito acima das dissensões que possamos ter com este ou aquele confrade, o que conta, afinal, é o nosso fraterno convívio.

A trajetória intelectual e espiritual de Tarcísio Padilha começa muito cedo, ainda em Petrópolis e Campinas, onde aprendeu as primeiras letras, ingressando depois no Colégio Santo Inácio, do Rio de Janeiro, onde foi colega do acadêmico Cândido Mendes. Bacharel em filosofia e direito pela Pontifícia Universidade Católica desta cidade, diplomou-se ainda em ciências sociais pelo Instituto de Direito Comparado da mesma universidade, licenciando-se pouco adiante em filosofia pela Universidade Federal Fluminense. Logo em seguida torna-se doutor em filosofia pela Universidade do Estado do Rio de Janeiro, tendo início aí sua longa e prodigiosa carreira de professor, educador e filósofo, que se desenvolve na PUC, na UERJ, na Universidade Santa Úrsula, na Universidade Gama Filho e na Escola Superior de Guerra, isto para não falarmos de sua ciclópica atuação posterior em universidades e centros de ensino do mundo inteiro. A essa atividade magisterial somam-se os numerosos cargos de direção que exerceu ao longo da vida, como os de presidente do Centro Dom Vital e do Instituto de Filosofia, de diretor-geral do Instituto Euvaldo Lodi e os de vice-presidente da Union Mondiale de Sociétés Catholiques de Philosophie, da Asociación Interamericana de Filosofía e da Methaphysical Internacional Society, além dos de secretário-geral e presidente da Academia Brasileira de Letras, este último de 2000 a 2001.

Não bastasse tudo isso, foi sempre muito intensa e assídua a participação de Tarcísio Padilha como diretor e conselheiro editorial de importantes publicações nacionais e estrangeiras, sobretudo na área da filosofia, como é o caso das revistas *Philosophie*, de Grénoble, *Itinéraires Philosophiques*, de Atenas, e *A Ordem*, do Centro Dom Vital. Conferencista em inúmeras universidades e instituições da Europa e das três Américas, pertence a muitas delas seja como fundador, seja como sócio correspondente, cumprindo aqui lembrar o Collegium Academicum Universale Philosophiae, a Asociación Interamericana de Filósofos Católicos, a Sociedade Helênica de Estudos Filosóficos, a Internacional Akademie für Philosophiae, a Society for Ancient Greek Philosophy, a Academia Brasileira de Filosofia e o Pontifício Conselho para a Família, do Vaticano. Entre suas principais condecorações, figuram a Medalha da Ordem Nacional do Mérito Educativo, as comendas de Chevalier de l'Ordre des Arts et des Lettres e de Cavaleiro da Ordem do Santo Sepulcro de Jerusalém, a Medalha Alceu Amoroso Lima pela Ética e pela Cultura, a indicação de Personalidade Educacional de 2002, do jornal *Folha Dirigida*, e a Medalha do Mérito Cultural da República Helênica.

Bem sei que talvez não seja este o momento de uma enumeração de títulos e condecorações, o que faço – é bom que se diga – de forma abreviada, mas se a ela recorro é para que todos tenham uma ideia, ainda que pálida, de quão intensa tem sido a atuação de Tarcísio Padilha em colóquios, congressos, simpósios e seminários, não só no país como também no exterior. Na verdade, o que me interessa mais de perto é a sua obra de filósofo, pois é ela que o define e nos fornece a sua verdadeira dimensão. Cabe aqui dizer, a propósito, que, se essencialmente ele não o fosse, não seria o homem numeroso que todos conhecemos. Com extrema pertinência e acuidade, dele disse certa vez Newton Sucupira que "em você, a filosofia não é o produto de uma simples faina teorética, mas adquire profundo sentido existencial, se afirma como forma de vida. Daí o caráter humanístico de seu filosofar". De formação solidamente jesuítica, Tarcísio Padilha, mesmo antes da defesa de sua tese de doutoramento sobre a ontologia axiológica do pensador francês Louis Lavelle, já conhecia de perto a obra dos filósofos católicos Gabriel Marcel, Teilhard de Chardin e Jacques Maritain, bem como a de seus conterrâneos Leonel Franca, Maurício Teixeira Leite Penido e Basílio Penido.

É com aquela tese, aliás, apresentada sob o título de *A ontologia axiológica de Louis Lavelle*, em 1955, que Tarcísio Padilha se torna, aos 26 anos de idade, o mais jovem catedrático de filosofia do Brasil, iniciando a sua longa carreira magisterial na Universidade do Estado do Rio de Janeiro. Mas em que consiste, ainda que em linhas gerais, o pensamento de Lavelle e como

Padilha o transubstanciou em sua filosofia da esperança, já que nunca se acomodou, ao contrário de vários outros pensadores tomistas, à atmosfera rarefeita do abstracionismo escolástico? Numa primeira instância, as ideias de Lavelle se opõem ao positivismo e ao kantismo em sentido estrito que dominavam o ensino universitário francês, buscando de certa forma estabelecer o primado da metafísica, daquela metafísica cuja tradição remonta a Platão e passa depois por Malebranche e Descartes. Uma metafísica, convém que se diga, de vertentes profundamente humanísticas, ou seja, aquela que busca, em suas fontes de inspiração, enfatizar o valor da existência humana como elemento capaz de se autodefinir por uma liberdade criadora. É por isso mesmo que a filosofia lavelliana afirma-se como metafísica do ser que busca ir além do momento fugidio de uma situação histórica para instalar-se no plano do "momento presente", vale dizer: no absoluto.

Pode-se dizer que vivemos hoje uma crise do pensamento filosófico, e um dos sintomas desse declínio é o sentido exacerbado da historicidade, o que levou, em certa medida, à perda do conceito do ser. E perdido o conceito do ser, a filosofia de nossos tempos se compraz na crítica dos fundamentos da ciência ou reduz-se à análise linguística. Ou ainda, o que é mais grave, transforma-se em instrumento teórico de uma prática política e social que, renunciando à sua exigência de radicalismo crítico, converte-se em ideologia. A originalidade de Lavelle, como sublinha Newton Sucupira, reside no fato de que ele "busca o ser não como objeto conceitualmente apreendido, mas a partir de uma experiência de intimidade espiritual". E é à luz dessa experiência que o filósofo francês irá desenvolver a sua "dialética do eterno presente", instaurando uma íntima e indissolúvel unidade entre ser, ato e valor, razão pela qual Tarcísio Padilha a definiu como "ontologia axiológica". E aqui não podemos deixar de entrever uma severa crítica de ambos à ideia hegeliana do ser, essa monstruosa abstração sem qualquer conteúdo humano e que, como nos assegura Lavelle, "não difere da ideia do nada, ou não é senão um nada de ideia".

Assim, o ser lavelliano só pode ser apreendido na plenitude do todo que ultrapassa toda ideia e que por ela não pode ser esgotada. O ser é, portanto, essencialmente concreto, e sua compreensão somente se torna possível graças a um *cogito* cujo alcance não é simplesmente epistemológico, mas também, e agudamente, existencial e ontológico. Isso explica o conceito lavelliano segundo o qual a consciência reside na "interioridade do ser" e a interioridade da consciência se identifica com a experiência da participação no ser, da participação no todo. E eis aqui uma das categorias centrais da metafísica de Lavelle: a participação, cuja inspiração é nitidamente platônica e mesmo agostiniana, quando nos lembramos de que *interior intimo meo et superior summo meo*, pois a consciência a que acima aludimos não pode bastar-se a si mesma, nem constituir o princípio ordenador do conhecimento e do real. Ainda segundo Lavelle, o homem, em última análise, participa do ser por um ato de vontade, por um ato de consentimento ao ser e, por isso mesmo, em suas raízes, o ato de participação, como ensina o pensador francês, "é sempre um ato de amor".

Diz também Lavelle que esse ato de amor está relacionado à doutrina da participação e que somente graças a ela se poderá resolver o mais grave problema com que já se defrontou até hoje a filosofia, ou seja, o da inserção de nosso ser finito e caduco no âmbito de um universo que, ao invés de apresentar-se diante dele como espetáculo a ser contemplado, transforma-se em obra que conta com a sua colaboração. Assim, a participação é entendida nos termos de uma cooperação entre o uno e o múltiplo, e o problema de ambos, do qual essa participação é a chave que permite resolvê-lo, corresponde à indagação de como os atos particulares participam da atividade daquilo que Aristóteles e São Tomás de Aquino entendiam como o ser, desse ser que só adquire a sua plenitude em ato. Como nos garante Lavelle, é a própria vida do espírito "que exige o aparecimento de uma pluralidade infinita de espíritos particulares que deverão se constituir graças a uma *démarche* original de sua liberdade". E, sendo assim, a relação entre o uno e o múltiplo pode ser reduzida, como insinua o pensador francês, "à relação entre a liberdade absoluta e as liberdades particulares".

A originalidade da contribuição de Tarcísio Padilha à tese lavelliana consiste em que dela conseguiu ele extrair uma filosofia da esperança que, se é verdade que está implícita na ontologia axiológica, não chegou a ser desenvolvida pelo autor de *De l'être*. Em dois de seus trabalhos capitais, *Participação e esperança* e *Uma filosofia da esperança*, Padilha afirma que "a esperança se prende a um juízo de valor que transcende todos os julgamentos", pois "vincula a existência do ser e nele põe todas as suas complacências". E aqui não podemos deixar sem registro os claros pontos de tangência das ideias do filósofo brasileiro com a fenomenologia de Edmund Husserl e, sobretudo, com a teoria de valores de Max Scheller. Já um pouco distante daquela participação libertária sem limite, sem norma e sem razão que em parte caracterizava o existencialismo sartriano, Tarcísio Padilha conclui que toda participação na vida concreta de cada um, seja ela "religiosa, moral, social, econômica, está a pressupor a participação metafísica *ut sic* – base sobre a qual repousa o existir na sua totalidade".

Não foi apenas por fidelidade a si mesmo ou às suas ideias iniciais, como se pode ver em muitas das outras obras que nos legou, entre as quais *Filosofia, ideologia e realidade brasileira, Libertação e liberdade, Realismo da esperança, Literatura e filosofia, Uma ética do cotidiano* ou *História e filosofia*, que Tarcísio Padilha se tornou o grande filósofo e educador que temos hoje a honra de saudar em seus oitenta anos. Conhecendo-o um pouco, e sabendo de sua repulsa a qualquer forma de alarido social, penso até que ele já possa estar algo enfarado de tantas homenagens. Por falar nelas, vou recuar um pouco no tempo talvez para provar que elas não constituem nenhuma novidade em sua vida acadêmica. Volto aqui a 1984, quando, por sugestão do filósofo Hans Ludwig Lippmann, organizou-se, em edição multilíngue (português, francês, espanhol, inglês, italiano e alemão), o volume *Pela filosofia*, que foi publicado no Rio de Janeiro pela Editora Pallas. A primeira parte da coletânea, com apresentação dos professores Paul Albert Simon e Antônio Garcia, reúne nada menos que 18 textos, entre estudos e depoimentos, sobre a filosofia de Tarcísio Padilha, assinados, entre outros, por Hans Ludwig Lippmann, Georges Gusdorf, Antônio Carlos Vilaça, Newton Sucupira, Anna Maria Moog Rodrigues, Flávio Beno Siebenneichler e Battista Mondin, os quais nos dão conta, de forma cabal, do fundo reconhecimento do autor dentro e fora do país.

Ao concluir, gostaria que todos entendessem que não me encontro aqui com a tola pretensão de esgotar, ou mesmo de tangenciar, todas as vertentes intelectuais e espirituais de nosso homenageado. Como cabe à dinâmica de uma mesa-redonda, na qual mais dois outros ilustres intelectuais farão uso da palavra, limitei-me apenas a um breve depoimento sobre a prodigiosa trajetória de Tarcísio Padilha como filósofo, como educador e como professor. Tudo o que eu pudesse dizer a mais sobre esse fraterno amigo e assíduo confrade seria sempre muito pouco. Pouco para alguém que é numeroso e, paradoxalmente, único em sua inteireza ética, em sua reflexão filosófica, em sua fé cristã. E, acima de tudo, em sua esperança.

2008

Da utilidade do inútil

DE UNS TEMPOS PRA CÁ, vêm escasseando entre nós os autênticos pensadores da poesia, como o foram, na segunda metade do século passado, Eduardo Portella, Othon Moacyr Garcia, Benedito Nunes, Darcy Damasceno e José Guilherme Merquior, este último autor de uma obra cada vez mais crucial para a compreensão do fenômeno poético: *Razão do poema* (1965). De modo que é no mínimo oportuna a reedição de *Da inutilidade da poesia*, que o poeta e ensaísta baiano Antonio Brasileiro publicou em 2002 e que mereceu, entre outros, o bem fundamentado elogio de Wilson Martins. Amparado por sólida cultura literária e filosófica, o autor sugere, logo às primeiras páginas de seu admirável estudo, duas irremediáveis inutilidades da poesia: uma que deriva do avesso daquele conceito de Platão segundo o qual os poetas seriam indivíduos perigosos para a boa ordem de sua República, pois o que hoje se vê é justamente o contrário: "nenhum poeta oferece perigo", e podemos "deixá-los inteiramente à vontade", já que "são inofensivos" ou "inúteis, na melhor das hipóteses";

outra que se apoia na noção baudelariana de que o poema não tem outra finalidade que não seja ele mesmo e que somente será digno desse nome se escrito pelo prazer com que o poeta o escreve. "Inúteis, parece, somos todos nós", conclui Antonio Brasileiro. Mas de modo algum, adverte o ensaísta, estamos sendo "gratuitos", pois o fato é que lidamos com "realidades", as quais, "aceitemos ou não, nos foram impostas, e a que nos coube foi a da linguagem: o que as palavras dizem sobre, apenas 'dizem.'"

Estruturado em três grandes seções – "As formas da inspiração", "Valéry: a poesia da arte poética" e "As formas da inutilidade ou Os cavaleiros de D. Quixote" –, o estudo de Antonio Brasileiro começa por rastrear as concepções dos antigos gregos relativamente ao que estes entendiam como uma forma de delírio sagrado. Os poetas, diz Platão no *Fedro*, são vítimas de "uma loucura (*manía*) que nos foi concedida por um dom divino e que, dentre as várias formas desta loucura, a que procede das musas tem o poder de despertar as almas mais ternas e lançá-las em transportes báquicos". Três séculos antes, Homero já antecipava esse conceito, que foi também defendido por Hesíodo, Píndaro e Sócrates. Os poetas seriam assim apenas intérpretes dos deuses. Essa concepção de delírio sagrado só seria alterada por Aristóteles, segundo quem o fenômeno poético se deveria antes ao desenvolvimento de uma força criativa interior através da técnica (*techne*) do que a qualquer forma de loucura. Horácio e Longino, alguns séculos depois, também assim o entenderam, sustentando que, em qualquer obra de arte, o trabalho racional e a disciplina contariam mais do que a improvisação. Mas a verdade é que, como alerta Antonio Brasileiro, "apesar dos três milênios que nos separam de sua criação, o conceito clássico de inspiração poética não parece ainda de todo abandonado".

Em seu exame do conceito de inspiração, o autor irá mobilizar ainda diversos outros poetas e filósofos, como Keats, Shelley, Poe, Baudelaire, Voltaire, Rimbaud e Mallarmé, até chegar ao século XX, onde avultam os nomes de Eliot, Cassirer, Adorno, Hauser, Curtius, Read, Paz e, muito particularmente, Valéry e Heidegger. É curiosa, por exemplo, a concepção que tinha Voltaire do fenômeno poético. Tomando como base o antigo conceito de *entusiasmo*, esse arauto da Ilustração define com fina astúcia as áreas de atuação do raciocínio e da fantasia no processo da criação poética, situando-se na mesma vertente de pensamento iniciada por Platão. "Sua defesa do vinho como liberador da mente é um voto de desconfiança no cérebro em seu estado natural", observa Antonio Brasileiro. Daí ao reconhecimento do papel do inconsciente na criação poética, já nos tempos modernos, será apenas um passo, o que nos é confirmado pelo autor quando certeiramente pondera: "Do vinho de Voltaire, por exemplo, àquela fusão de volúpia e conhecimento defendida por Baudelaire, ou ao desregramento de todos os sentidos preconizado por Rimbaud, a distância no tempo foi relativamente curta." Emergiam assim as "vozes do coração" que ecoariam em todos os poemas românticos.

É a hora de Keats e Shelley, das misteriosas razões do coração, da "plenitude da sensibilidade", das reações que nos dizem dos dilaceramentos da alma do poeta, como a evasão, o orgulho, a revolta, o sonho, a autopunição, o sofrimento, o sadomasoquismo, a melancolia. É a hora da "defesa da poesia" e da proclamação lançada por Shelley segundo a qual os poetas "são os legisladores não reconhecidos do mundo", pois "a linguagem em si é poesia", condição para a qual, um século depois, Heidegger nos alertou enfaticamente. Há algo de Shelley em Poe, assim como há algo de Poe em Baudelaire, e deste último em Rimbaud e Mallarmé. São esses os desdobramentos que nos permitem entender porque, em seus *Conseils aux jeunes littérateurs*, Baudelaire definia o poema como um "objeto de luxo", como um trabalho de relojoaria comparável a qualquer produto bem elaborado da razão, ainda que em seu nascedouro se enraizasse a sempiterna emoção. E de Baudelaire chega-se à "vidência" de Rimbaud e ao esfíngico hermetismo de Mallarmé, autores que entendiam a poesia como forma de superação do fato literário e que, por isso mesmo, iniciam a linhagem dos poetas "incompreendidos", ou seja, aqueles obscuros cujas intricadas composições talvez revelem "menos a vontade de perfeição que a consciência da inutilidade da poesia".

Após uma breve análise da produção dos surrealistas, que radicalizaram o papel do inconsciente na poesia ou, como nos assegura Hauser, se refugiaram na "racionalização do irracional", Antonio Brasileiro nos descortina o universo valéryano da "poesia da arte poética", onde reina soberano o "demônio do trabalho" e a "inteligência cuida de apagar aquilo que o deus imprudentemente criou", entendendo-se aqui que esse deus é a musa e que, para o autor do *Eupalinos*, "submeter-se a esta graciosa entidade é uma humilhação da inteligência". Para Valéry, o "poema deve ser uma festa do intelecto", uma *cosa mentale* que resulta de operações intelectuais. A poesia, segundo ele, envolveria dois sentidos: um determinado tipo de emoção e "uma estranha indústria" que recompõe essa emoção. E entre um e outro, como sublinha Brasileiro, "é que se situa o poeta: aquele que, como um químico a reconstruir o perfume de uma flor, irá dotar de poesia a coisa nenhuma palavra". Mas a verdade é que, ao fim de contas, Valéry jamais negou a inspiração; o que ele rejeitava, esclarece Brasileiro, era uma espécie de poeta que deveria ter-se afogado em seus pesadelos de tímido adolescente ou, nas palavras do próprio Valéry, "o delirante descabelado, aquele que escreve um poema inteiro numa noite febril". E este, muito provavelmente, se recorrermos aqui à imagem de uma flor como o mais real dos objetos, não haverá de perceber que não é exatamente a flor o que mais nos toca e encanta. "Toca-nos e encanta-nos", ensina Brasileiro, "a sua forma". E conclui: "A flor é a forma da flor, por poética que possa parecer esta expressão. Poesia é percepção do mundo enquanto forma."

Na última parte de seu denso e sólido estudo, Antonio Brasileiro aborda as "formas da inutilidade" com base nas teorias de Adorno, Cassirer, Benjamin, Horkheimer, Read e, sobretudo, Heidegger, segundo quem: "A linguagem é a casa do ser.

Em seu abrigo, mora o homem. Os pensadores e os poetas são aqueles que guardam este abrigo." Não há dúvida de que foi Heidegger quem nos deu, no século XX, algumas das mais lúcidas e talvez desconcertantes interpretações sobre a poesia, sobretudo em seu memorável *Hölderlin e a essência da poesia*. O ponto de partida do filósofo alemão são cinco fragmentos extraídos à obra daquele poeta, o primeiro dos quais nos assegura que escrever poesia é "a mais inocente de todas as ocupações", mas que constitui também, como adverte o autor de *Sein und Zeit*, "o mais perigoso dos bens". E por que o mais perigoso? Talvez porque, para Heidegger, o poeta é aquele que dá existência real à linguagem: "Apenas onde há linguagem, há mundo." E mais: "A poesia é a linguagem primitiva de um povo histórico. Eis por que – e justamente o contrário – a essência da linguagem deve ser entendida através da essência da poesia." Há algo de fundador e misterioso nessas palavras, e, ainda que estejam separados em sua essência, pois enquanto o pensador "diz o ser" o poeta "nomeia o sagrado", revelam ambos "a mais pura igualdade no cuidado da palavra".

Curiosamente, Heidegger nunca disse que escrever poemas era uma ocupação inútil. Até pelo contrário, situou-a na origem da linguagem e da história humanas, dando a entender ainda, se aqui coubesse hierarquizar suas ideias, que a poesia teria precedência sobre a religião. Assim como os nossos, os tempos de Hölderlin eram também de indigência, e é do poeta alemão a célebre pergunta: "Para que poetas num tempo de indigência?", que Heidegger repete diversas vezes em seu ensaio crucial. Mas justamente por vivermos numa época de declínio é que o poeta, mais do que nunca, se torna necessário a fim de que o ser humano não se esqueça de que sua casa é a linguagem. A linguagem e a beleza das palavras que lhe dão sustento e justificação. "*A thing of beauty is a joy forever*", já dizia o verso imortal de Keats. Não obstante – e também por que a poesia não tem por objetivo salvar ninguém –, como defender-lhe a utilidade? A melhor resposta, como recorda Antonio Brasileiro, talvez seja a do poeta chinês Chuang Tzu quando assim formula a questão: "Todos conhecem a utilidade do útil, mas ninguém conhece a utilidade do inútil." E é essa, sem dúvida alguma, a utilidade – talvez única – que poderá ter um poema.

O maior elogio que merece Antonio Brasileiro é o da astúcia (e, ao mesmo tempo, o do fino senso didático) com que nos expõe o complexo e intricado problema da inutilidade (ou da "utilidade inútil") da poesia numa época em que, à semelhança do que já ocorreu em outras, caberia a ela perguntar-se por que e para que existe, e esse questionamento envolve, claro está, um agudo viés filosófico. Como sabiamente recorda o autor, as "questões filosóficas e poéticas imbricam-se de tal modo em nosso tempo que uns e outros, poetas e pensadores, volta e meia se tocam". Mas nem um nem outro é capaz de nos proporcionar uma apreensão cabal do ser. Como sustenta ainda Antonio Brasileiro em sua "Conclusão", Heidegger talvez tenha incorrido em dois equívocos: o de distinguir muito nitidamente entre poesia e filosofia e o de negar àquela o grau mais alto da faculdade de pensar. A mim me parece que a poesia, por lidar com a concreção da palavra, vai sempre mais além da evanescência das ideias de que se ocupa a filosofia. Ela está sempre mais próxima da realidade, seja esta qual for. Por isso mesmo, como diz Novalis, "quanto mais poético, mais verdadeiro". E talvez esta seja a única utilidade do afã em que consiste a poesia.

2009

Lições de exílio

SEMPRE PERCEBI, na poesia de Thomaz Albornoz Neves, um obstinado empenho no sentido de procurar dizer o máximo com um mínimo de palavras, o que talvez explique duas de suas mais flagrantes características: uma, de caráter estrutural, ou seja, a fragmentação do discurso; outra, de cunho expressivo (ou, se preferirem, formal), que se revela graças a uma certa espécie de redução do enunciado verbal que poderíamos chamar aqui de capsularismo aforismático, algo sentencioso, mas de inequívoca inspiração lírica. E se ambas estão presentes no primeiro de seus livros em que pus os olhos, *Sol sem imagem* (1996), mais ainda se evidenciam neste *Exílio*, que o autor acaba de dar à estampa e que, segundo ele próprio, seria antes "um diário de notas circular (...), baseado em uma experiência de extrema solidão, submetida a uma saturação da linguagem". Em longo e circunstanciado prefácio que escreveu àquela primeira coletânea, Bruno Tolentino filia o poeta à linhagem do fragmentarismo ungarettiano, mas penso que o mais correto seria filiá-lo a ele mesmo (ou, mais próximo de nós, ao minimalismo de José Paulo Paes), à sua experiência solitária nos confins do pampa gaúcho e à visão de mundo que dela inexoravelmente decorre, sobretudo quando se pensa na dura condição de quem se confronta cotidianamente com um horizonte (e uma visão dos seres e das coisas) sempre em fuga.

Basta que se leia, para atestar a desolação dessa paisagem, o segundo poema do livro:

> Pampa sem fim
>
> Me torno
> distância contemplada
>
> E já não há distância.

E é justamente essa paisagem que determina o "exílio" a que se refere o poeta, um exílio no qual só resta espaço para a realidade, ou o que dela restou e que se opõe à própria linguagem:

> Escrevo contra a escritura
> e o que escrevo
> é o que resta da realidade.

É daí, segundo penso, que se origina uma outra característica crucial da linguagem poética de Thomaz Albornoz Neves: sua extrema austeridade, sua nenhuma concessão às guirlandas verbais, esse *feu d'artifice* que contamina, ainda nos dias de hoje, boa parte da poesia brasileira. O que lhe resta é o cerne não apenas das palavras de que se vale, mas também o daquilo que vê, se é que algo pode ser visto em sua caducidade fenomênica. Em *Sol sem imagem*, mais precisamente num poema excepcional, "O sono", ele escreveu: "O que se vê é o eco do que não é visto". Essa visão do mundo físico que se esquiva ao olhar do poeta está também presente em muitos dos fragmentos de *Exílio*, com o agravante de que, nestes poemas mais recentes, nem mesmo a si próprio o autor consegue distinguir, uma vez que o dissolvem as névoas do estranhamento e do olvido:

> Penso como quem esquece
> como quem cai subitamente no esquecimento
> e me expresso.

Ou:

> Quem escreve é um estranho para mim
> e me torno um estranho ao fazê-lo.

Ou ainda:

> Estranho thomaz
> que em mim se esquece dele mesmo.

Há em *Exílio*, portanto, duas vertentes de distanciamento: uma, de si próprio; outra, das coisas que o cercam. Talvez por isso mesmo, a poesia de Thomaz Albornoz Neves aspire a um estado não verbal da linguagem. Sua brevidade e concisão nos parecem sintomáticas dessa ambição, uma ambição, diga-se logo, que adquire um caráter duplamente filosófico, pois nos remete às dimensões da metafísica e da ontologia. Assim, o ser que o poeta persegue não se dá à luz da percepção sensorial. Ele está além e não pode ser apreendido como fenômeno, mas apenas como essência, como kantiana coisa em si, e, não raro, dilui-se panteisticamente nos elementos que o rodeiam e que jamais se detêm em seu permanente movimento de vir a ser:

> O vento no areal
> só parece estar passando
> Eu sou
> o interior de sua presença.

Poeta leitor de poetas, Thomaz Albornoz Neves é poeta para poucos e, como poucos, não se entrega inteiramente a uma primeira leitura, ainda que seus textos não ofereçam qualquer dificuldade no nível da língua ou da linguagem, que é sempre limpa. O desafio que ele nos lança é de outra índole: aquele que nos impõe todo autor que busca uma realidade para além das aparências do mundo físico. E ao mergulhar nesse universo rarefeito, cujas formas se esgarçam até a deformidade, o poeta nos convida a partilhar de uma percepção das coisas que se processa abaixo da epiderme daquilo que estamos acostumados a ver em nosso alheamento cotidiano, essa distração que falseia o real e o converte numa banalidade. É esse outro lado da realidade que Thomaz Albornoz Neves tenta nos revelar, descrevendo-o, como o vento dos pampas, "entre rajadas".

2008

O endereço nobre da poesia

SURPREENDE (OU MESMO CAUSA ESPANTO) que um poeta da estirpe e da estatura de Izacyl Guimarães Ferreira seja tão pouco lido entre nós, sobretudo porque já publica seus livros há bastante tempo: o primeiro, *Os endereços*, louvado por Hélcio Martins e que conquistou na época um importante prêmio literário, data de 1953, tendo dele sido impressos apenas 116 exemplares pela Edições Hipocampo. Bem-aventurados os poucos que o leram, pois ali já aflorava um poeta excepcional, dono absoluto de seus recursos e de uma dicção a que chamamos voz própria, mais rara ainda naqueles que estreiam, como o atestam vários poemas do volume, entre os quais "Intervalo", "Indagações", "Missa" e "Casal". O problema é que Izacyl, recluso por natureza e discreto por destinação, continuou a cuidar que seus poemas só fossem publicados em edições quase clandestinas e de difícil acesso por parte do público leitor, que até hoje praticamente o desconhece, pois o poeta insiste em manter-se fiel ao ensinamento daquele antigo aforisma de Heráclito de Éfeso: "A natureza ama ocultar-se."

Mas, para o gáudio de todos nós – em particular o daqueles que ainda não o leram –, publica-se agora esta generosa *Antologia poética* do autor, onde se reúnem composições das 16 coletâneas que ele deu a lume entre 1953 e 2008, o que totaliza nada menos que 55 anos de atividade poética. Mas que poesia será essa que permaneceu por tanto tempo quase esquecida? Antes de mais nada, há que sublinhar a sua alta lição no que toca à linguagem, que é limpa, concisa, amiúde contida e, a um só tempo, rigorosa e espontânea. Há nela, sem dúvida, algo de Drummond, de um Drummond sabiamente metabolizado e que jamais interfere na voz própria de Izacyl Guimarães Ferreira. Há nela, ademais, outras ilustres vozes, sobretudo de Espanha, pois que estamos diante de um poeta excepcionalmente bem nutrido, como o são, de resto, todos os grandes poetas. E há, enfim, muito mais: inteligência métrica, austeridade vocabular (é de ver o extremo cuidado e a fina sabedoria com que o poeta escolhe as palavras), lirismo autêntico e comovido, um certo coloquialismo cotidiano, mas que nunca resvala para o anedótico, uso sistemático e refinado da rima toante, ritmo seguro e controlado, *imagérie* opulenta e desconcertante – enfim, uma admirável adequação entre o *que* e o *como* da expressão verbal, o que é muito raro na poesia que hoje se escreve entre nós.

Percebe-se nesses poemas, acima de tudo, a funda e intransferível identidade de um criador, de alguém que nos fala sem estridência – a cacofônica estridência do Modernismo e de outras tantas vanguardas efêmeras e autofágicas –, que nos fala de modo sempre pausado, mas com um vertiginoso sentido de eternidade. Daí, talvez, como já observou Alberto da Costa e Silva, a sonoridade de adágio de boa parte dos poemas do autor, mas à qual se contrapõem, em dois de seus livros – *Memória da guerra* e *Entre os meus semelhantes* –, os versos curtos, ásperos e incisivos do homem indignado diante da barbárie que se impôs ao homem. Poeta medido, ainda que desmedido em sua paixão e sua busca pela beleza, Izacyl Guimarães Ferreira fecha a sua antologia com dois memoráveis conjuntos de poemas: *Discurso urbano*, com o qual conquistou em 2008 o Prêmio de Poesia da Academia Brasileira de Letras, e *A conversação*, onde, à semelhança de um dos seus maiores mestres, San Juan de la Cruz, enceta um belo e ardente diálogo com Deus à sombra daquela "*llama de amor divino*" que aquecia a "*noche escura*" da alma do *pastorcito* de Ávila. São muitos os poemas reunidos nesta antologia. São textos soberbos de uma vida inteira consagrada silenciosamente à poesia. Se me pedissem para escolher um ou outro, eu ficaria com todos.

2009

Marques-Samyn:
TEMAS ANTIGOS

ESTUDOS SOBRE TEMAS ANTIGOS (Rio de Janeiro, Ibis Libris, 2013), de Henrique Marques-Samyn, constitui, acima de tudo, um ritual de celebração, uma espécie de epifania às avessas em tom ora elegíaco, ora epigramático, na qual se misturam deuses e personagens históricas do universo greco-romano de que todos descendemos. Mas é bom que desde logo se advirta: toda essa antiguidade encontra-se aqui em boa parte contemporaneizada ou, melhor dizendo, regionalizada, pois, quando menos se espera, a ação poemática insere deuses e heróis no cenário urbano do Rio de Janeiro, como se vê logo na peça de abertura da coletânea: "Vi tombada a estátua de Hércules/na avenida Presidente Vargas." Esse recurso, que será utilizado em diversos outros poemas, encurta a distância que nos separa dos temas e situações de uma realidade histórica e cultural que, de outra forma, seria quase inacessível para a grande maioria dos leitores de hoje. Em outras palavras, o autor como que dessacraliza a solenidade hierofânica de suas *dramatis personae*.

Não há que destacar esse ou aquele poema, mas alguns deles nos parecem cruciais para que se compreenda melhor o que levou Marques-Samyn, nos primórdios do terceiro milênio, a trazer de volta esse mundo esquecido. Exemplo disso é o poema "Arte poética (a Calímaco)", onde se lê: "Cantamos num mundo / vazio de deuses: / resta-nos a História. // Por isso, homem, cantamos: // para que vejas que o que há de belo / em ti é o que tens de mais efêmero." É esse efêmero que se eterniza na evocação da vida e dos feitos de deuses ou figuras mitológicas, de filósofos ou poetas, de imperadores ou prostitutas como, entre outros, Cleópatra, Semíramis, Ícaro, Hipácia, Afrodite, Thaís, Perséfone, Dafne, Tibério, Alceu, César e Adônis, às vezes arrancados de seu contexto histórico e lançados numa ruela qualquer de nossa cidade. Chamo ainda a atenção para o longo e emblemático poema "Rapsódia grotesca para Orfeu e Eurídice", no qual, como se antecipa no próprio título, o autor desenvolve uma estética intencionalmente grotesca para reviver um tema clássico da poesia ocidental. Dividido em dez fragmentos, o poema é talvez o mais experimental da coletânea, merecendo especial registro o que leva o título de "Descida ao Hades", estruturado em terzinas dantescas que recorrem, vez por outra, à utilização de rimas toantes.

É, todavia, na terceira seção do livro, "Quatro cortesãs" – na verdade, um poema dramático –, que melhor se percebe aquela intenção de dessacralizar a linguagem poética a que já aludimos. Valendo-se do prosaísmo e da brevidade do discurso coloquial, Marques-Samyn traz à cena uma temática perene e universal: a prostituição. Quatro cortesãs – Aspásia, Neaira, Friné e Laís – expõem as agruras e eventuais delícias de sua antiquíssima profissão, exercida em logradouros não de um tempo remoto, mas sim na Praça do Ó, na Estrada do Pau Ferro ou na Quinta da Boa Vista. A linguagem aqui é crua e direta, como convém ao ambiente em que se desenrolam os diálogos. De Laís para Friné: "você nunca apanhou na cara / de policiais, e nunca / foi por eles estuprada / cerrando os dentes de raiva." Enfim, se por um lado a face nobre da poesia está à mostra ao longo de quase todos os poemas da coletânea, é na baixeza, na fugacidade da existência e no grotesco da condição humana que reside a principal aposta do autor. E se os leitores não se lembram, foi exatamente isso o que Baudelaire fez em consideráveis passagens de suas *Fleurs du mal*. E, ao fazê-lo, redimiu a poesia francesa e fundou a modernidade.

2011

José Olympio
REINVENTADO

NÃO HÁ NADA MAIS PERTINENTE nem oportuno, ou mesmo mais venturoso, do que se atribuir a um grande editor a tarefa de reviver em livro a vida e as atividades de outro grande editor. É isso o que se constata, de forma superlativamente admirável, ao degustar-se *José Olympio: o editor e sua casa*, organizado por José Mário Pereira e que acaba de chegar ao mercado editorial brasileiro. Trata-se de obra no mínimo monumental não apenas por seu formato majestoso (31 × 24 cm), mas também, e acima de tudo, pelo opulento cardápio que oferece aos leitores: textos extremamente bem cuidados (inclusive os das legendas de fotos), abundante e valiosa iconografia, beneditino trabalho de pesquisa literária e editorial, com reprodução de depoimentos, artigos, cartas, dedicatórias, capas de livros de uma afortunada época que já se foi, fotos e caricaturas inéditas, bibliografia – enfim, um aparato livresco faraônico que configura, como sublinhou em recente artigo o crítico Wilson Martins, uma "obra-prima de arte tipográfica, documentação historiográfica e preciosa iconografia".

Com certa modéstia, José Mário Pereira define-se como organizador do volume, mas caberia aqui evocar até o conceito de autoria, tamanha é a sua participação na arquitetura do livro, no qual nunca será demais relevar a circunstância de que estamos diante de uma obra concebida e escrita por um editor jovem que se ocupa amorosamente de outro da mesma família espiritual e que desde sempre lhe serviu de mestre e modelo.

Vindo de São Paulo, onde iniciara suas atividades profissionais, José Olympio instalou-se como editor no Rio de Janeiro em 1934, abrindo sua livraria (e logo depois editora) na elegante rua do Ouvidor, 110. Era "o homem certo, no lugar certo e na época certa", ou seja, a dos primeiros anos da República Nova, dos grandes poetas herdeiros do Modernismo de 1922 (Drummond de Andrade, Manuel Bandeira, Murilo Mendes, Jorge de Lima, Cecília Meireles, Vinicius de Moraes), do advento do romance nordestino (José Américo de Almeida, José Lins do Rego, Rachel de Queiroz, Graciliano Ramos), da transição do nacionalismo da Semana de Arte Moderna para o internacionalismo dos novos estetas, das decisivas transformações políticas, sociais e econômicas por que passava então o país, da floração das tendências ideológicas autoritárias, como o fascismo e o integralismo, da efervescência dos movimentos literários e filosóficos religiosos (leia-se: católicos) e de uma literatura nacional que enfim amadurecia, evoluindo do modernismo datado da década de 1920 para a plena e fecunda modernidade dos anos 40 e 50. Era a época dos radicais e enraivecidos confrontos ideológicos que dividiriam a sociedade e os intelectuais, como nunca depois se veria, entre direita e esquerda. Com seu agudo faro de editor, José Olympio, cujo temperamento tinha algo de patriarcal, manteve-se equidistante tanto de uma quanto de outra, publicando autores como Plínio Salgado e Jorge Amado, Getúlio Vargas e Graciliano Ramos, Alceu Amoroso Lima e Rubem Braga.

Na verdade, abrigou a todos e, com seu instinto de jogador, arriscou certas apostas que lhe consolidaram a robustez financeira como editor. A mais certeira delas, logo após ter chegado ao Rio de Janeiro, foi a que fez em Humberto de Campos, autor popularíssimo à época e que, na década de 1930, chegou a vender quase um milhão de exemplares, cifra fabulosa até para os dias que correm. Depois vieram os romancistas do Nordeste, e mais Aníbal Machado, Gastão Cruls, Agripino Grieco, Guimarães Rosa, Drummond de Andrade, João Cabral de Melo Neto, Clarice Lispector e tantos outros que seria fastidioso enumerar aqui. E veio depois a vitoriosa Coleção Documentos Brasileiros, que atendia, no âmbito ensaístico, aos interesses de uma compreensão vertical daquilo que se entendia como "realidade nacional". Dirigida de início por Gilberto Freyre e depois por Octavio Tarquínio de Souza e Afonso Arinos de Melo Franco, esta coleção, como nenhuma outra antes ou depois dela, deu vez e voz aos intérpretes do Brasil. Em meio século, foram cerca de duzentos títulos publicados, alguns deles já clássicos desde o berço, sobre um país que se tornou real para brasileiros e estrangeiros.

Não bastasse a revolução editorial a que dera início num país que contava àquela época com 70% de analfabetos para uma população estimada em trinta milhões de almas, José Olympio revolucionou também o setor gráfico-visual, mobilizando para assinar as capas e a produção gráfica de seus livros artistas da envergadura de Santa Rosa, Poty (famoso pelas capas das obras de Guimarães Rosa), Eugênio Hirsch, Gian Calvi, Anita Malfatti, Athos Bulcão, Portinari, Carybé, Cícero Dias, Di Cavalcanti, Farnese de Andrade, Iberê Camargo e Oswaldo Goeldi, para citarmos apenas estes. E inovou ainda com o acabamento de luxo de coleções que eram vendidas de porta em porta, como foi o caso, entre outras, das obras completas de Dostoievski. Enquanto permaneceu ativa, até meados da década de 1980, a Livraria José Olympio Editora lançou no mercado 4.850 edições e 1.743 autores brasileiros. Ao morrer em 1990, aos 87 anos de idade, ainda lúcido, no apartamento alugado em que residia, na Glória, José Olympio deveria nutrir a certeza do trabalho pioneiro e revolucionário que realizou no meio editorial, o que justifica as palavras de outro grande editor de tempos mais recentes, embora também já falecido, Alfredo Machado, segundo quem José Olympio foi "o inventor da profissão de editor".

Para levar a cabo o milagre editorial em que consiste este *José Olympio: o editor e sua casa*, edição que deve muito também ao extraordinário talento de Victor Burton, responsável pelo projeto gráfico do volume, José Mário Pereira reuniu tudo o que pôde do acervo original do editor doado à Fundação

Biblioteca Nacional, complementando o seu trabalho com infatigáveis e delongadas pesquisas em sebos, em coleções particulares e no antigo depósito da Livraria José Olympio Editora. Escreveu e organizou os textos e as imagens e estruturou a edição em dez capítulos impecáveis quer pelo ineditismo de muitas das informações, quer pelo dinâmico senso de urdidura com que a concebeu. Esses capítulos nos dão conta dos primeiros anos da atividade de José Olympio e do que ele realizou para consolidar a literatura moderna no país, a memorialística, a literatura estrangeira, as coleções temáticas e individuais e a literatura infantojuvenil. Em suma, o que o organizador deste volume conseguiu operar em termos de resgate intelectual e profissional de nosso maior editor tem algo de catedralesco. E se José Olympio foi, como se diz, "o inventor da profissão de editor", digo eu que José Mário Pereira é, desde já, o reinventor de José Olympio.

2008

Do folhetim à novela de televisão[2]

A TRADIÇÃO DO FOLHETIM remonta a fins do século XVIII na França, onde se poderia defini-lo como um espaço impresso na parte inferior, ou no rodapé, de uma página de jornal, separada do restante da mesma por um fio horizontal e chamada *feuilleton*, ou pequena folha. Aí se publicavam artigos de literatura, crítica ou ciência, com o propósito principal de divulgação e informação. Pode-se dizer que o folhetim nasceu e popularizou-se paralelamente à expansão e ao progresso da imprensa e à ascensão da burguesia. O primeiro autor a ser publicado em folhetim foi o padre Geoffroy, cujos artigos eram veiculados no *Journal des Débats*, o mesmo que cobriu, em 1871, a visita de Dom Pedro II à Académie Française. Poucos anos depois, já na primeira metade do século XIX, teve início a divulgação de romances em capítulos diários ou semanais, sendo nesse período que o folhetim alcança seu maior prestí-

---
[2] Depoimento prestado durante o seminário "Brasil, Brasis", ABL, ag. 2007.

gio, com a publicação de obras de Eugène Sue, Alexandre Dumas, Victor Hugo, Ponson du Terrail e, mais do que nenhum outro, Balzac.

A moda logo atingiu diversos outros países europeus, em particular a Inglaterra, onde os folhetins passaram a divulgar os romances de Walter Scott e Charles Dickens, entre muitos outros. Mas o novo gênero chegou também a Portugal, onde o cultivaram, mais amiúde, Camilo Castelo Branco e Pinheiro Chagas. E daí, claro está, chegou ao Brasil, onde despontou como literatura de ficção, a princípio sob a forma de traduções de romances franceses de folhetim, vertidos para o português por Justiniano José da Rocha e Caetano Lopes de Sousa. É do primeiro, a propósito, o mais antigo folhetim publicado no nosso país, sob o título de "Assassinos misteriosos ou a paixão dos diamantes", cujos primeiros capítulos datam de 1839. É dessa época, também, a publicação em folhetim das obras de Lucas José de Alvarenga e José de Alencar, além de alguns outros.

Cumpre aqui assinalar que o êxito do gênero – e isto é válido para todas as literaturas que o cultivaram – decorreu, em grande parte, do uso de um tipo de ficção de cunho especial, como a ficção de aventuras, mistérios, crimes, peripécias de "capa e espada", textos de intenção popular que eram exigidos, inclusive, pela imprensa, interessada em alcançar o grande público e aumentar assim suas tiragens. E este fato teve uma consequência significativa. É que de simples denominação da seção do jornal o folhetim passou a significar o tipo de literatura ficcional nele estampada: romance de folhetim, ou mesmo folhetim, bastando essa designação para definir o gênero de ficção, o que deu origem ao termo "folhetinesco" para o mesmo fim. E folhetinescos foram alguns dos textos mais importantes e duradouros escritos na época, uma época eminentemente literária no sentido de que literário era quase tudo o que povoava os jornais.

No Brasil, a voga do folhetim alcançou sua plenitude entre as décadas de 1860 e 1880, quando se publicaram os romances – e depois as crônicas – de Machado de Assis, Manuel Antônio de Almeida, Olavo Bilac, Coelho Neto, Guimarães Passos, Luís Murat, Pardal Mallet, Artur de Azevedo e muitíssimos outros, sem falar nos críticos que se valiam dos folhetins para divulgar suas ideias e teorias literárias. E é bem verdade, diga-se aqui, que a crítica acabou sendo a produção literária que mais duradouramente se vinculou ao folhetim, seja nos rodapés, seja nos suplementos literários. Recorde-se, muito a propósito, que a crítica literária dos célebres *Lundis*, de Sainte-Beuve, começou a ser publicada em folhetim a partir de 1851. Entre nós, o folhetim entra em declínio durante a década de 1880, mas lembre-se de que uma obra tão decisiva para os destinos de nossa literatura quanto *Memórias póstumas de Brás Cubas*, de Machado de Assis, foi lida em folhetins a partir de 1881.

No início do século passado, o folhetim de jornais perdeu por completo a sua importância, o que se deveu à modernização das práticas jornalísticas e ao próprio conceito contemporâneo da comunicação, que depois evoluiria para a comunicação de massa em decorrência da mídia televisiva e eletrônica.

É curioso observar, todavia, que alguns órgãos de imprensa tentaram, em data recente, ressuscitar o folhetim, cabendo aqui lembrar as iniciativas nesse sentido do jornal *O Povo*, de Fortaleza, que, em 1982, voltou a publicar romances em capítulos nas suas páginas, e, mais recentemente ainda, o suplemento literário *Rascunho*, de Curitiba, que deu a conhecer, em cada uma das suas edições de 2005 e 2006, um capítulo do romance *O inglês do cemitério dos ingleses*, do pernambucano Fernando Monteiro.

O primeiro sucedâneo moderno do folhetim foi a novela radiofônica ou, como era chamada na época, o "romance em fatias", que nada mais é do que aquela sequência de capítulos que caracteriza a trama folhetinesca. E é desse "romance em fatias" que descende, em linha direta, a novela de televisão, que constitui, em última análise, o folhetim dos nossos dias, ou seja, o romance que não mais se lê, mas antes se vê na onipresente e onisciente telinha dos tempos atuais, mais conhecidos como a era da imagem. Mas não é só o rádio que está nas origens das telenovelas, pois também o teatro traria diversas formas de dramaturgia para o novo veículo, de modo que não surpreende, na primeira infância da televisão entre nós, o cultivo maciço do teleteatro, que entrou em agonia no fim da década de 1950. E um diretor da estirpe de Walter Avancini lembra ainda as influências que a novela de televisão receberia do cinema e até mesmo do circo, que é, juntamente com o rádio, uma extraordinária forma popular de expressão. Como observa Avancini, o "radioteatro, o radiomusical e os grandes shows influenciaram a maneira de fazer esta televisão, ainda que ela fosse elitista, ou seja, ainda que houvesse um certo distanciamento do popular, o que o rádio evidentemente não tinha". Enfim, essa é a época em que o teleteatro recorria às adaptações de textos estrangeiros e de clássicos da literatura mundial, uma época em que a telenovela não descobrira ainda a sua linguagem própria.

É comum admitir-se duas fases distintas na evolução de nossa telenovela: a primeira inclui os textos da gaúcha Ilza Silveira e se estende entre 1953 e 1963, período em que também se destacam as novelistas Aparecida Menezes e Carla Civelli; a segunda corresponde à ciclópica e revolucionária contribuição de Janete Clair, que iria influenciar todos os autores do gênero a partir de 1970, quando a Rede Globo começa a consolidar o seu domínio na produção telenovelística. O hiato entre essas duas fases, que é de aproximadamente cinco anos, foi ocupado pelas telenovelas da cubana Glória Magadan. Cumpre lembrar aqui um dado de caráter histórico: a primeira telenovela carioca, *Drama de uma consciência*, de J. Silvestre, com direção de Bob Chust, começou a ir ao ar, na TV Tupi, a 1º de abril de 1953. Poderia ser uma mentira, mas não foi. Era apresentada às 19:30, às quartas e sextas-feiras, com duração de meia hora. E alternava com outra, *Coração delator*, uma adaptação do conto homônimo de Edgar Allan Poe, às terças e quintas, com direção de Chianca de Garcia. Mas o primeiro grande sucesso de público só viria a registrar-se em 1957, com *A canção de Bernadette*, outra vez uma adaptação de Ilza Silveira do romance também homônimo de Franz Weifel. Como se vê, a nossa telenovela padecia ainda do grave problema da autoria, que só viria a ser resolvido a partir da obra de Janete Clair.

A televisão irá completar em 18 de setembro próximo 57 anos de idade, uma vez que o primeiro programa da TV Tupi, de São Paulo, foi ao ar nesse mesmo dia e mês do já distante ano de 1950. A personagem nuclear dessa aventura foi Assis Chateaubriand, o "Velho Capitão", proprietário dos Diários Associados, uma cadeia que chegou a reunir nada menos que 32 jornais, 22 emissoras de rádio, 16 estações de televisão, 19 revistas, uma agência de notícias e outra de publicidade. Estávamos então no final do governo de Eurico Gaspar Dutra, e a imprensa muito se beneficiara do sistema democrático instaurado pela Constituição de 1946. Assim como Chateaubriand trouxera a televisão para o Brasil, outros capitães da indústria voltaram seus olhos para a cultura brasileira. Em 1949, o empresário Francisco Matarazzo Sobrinho e o engenheiro italiano Franco Zampari fundaram a "Hollywood dos Trópicos", Companhia Cinematográfica Vera Cruz. Nessa mesma década são criados ainda o Museu de Arte Moderna do Rio de Janeiro e a Bienal de São Paulo. Assim, a televisão se incluía na mesma miragem de um empresariado que desejava ver o país ingressar na modernidade, e desta faziam parte as chamadas "máquinas de fabricar sonhos".

E o que é a telenovela senão um sonho, uma fábula da era da imagem, um "romance em fatias" que torna a realidade contemporânea menos insuportável? O que hoje se entende por telenovela, esse produto extraordinariamente bem-acabado que o país com tanto êxito exporta para todos os quadrantes do mundo, deve muito à Central Globo de Produção e a uma mulher, Janete Clair, cujo nome se confunde com as origens da moderna novela de televisão, ou seja, o folhetim eletrônico. A ela e aos seus herdeiros diretos, entre os quais ouso aqui incluir o seu próprio marido, o dramaturgo e acadêmico Dias Gomes, que, como a "Maga das Oito", veio do rádio para dar corpo e voz àquilo que se chamou um dia "o rádio com imagens". E na esteira destes iriam surgir Gilberto Braga, Benedito Rui Barbosa, Manoel Carlos, Glória Perez, Marcílio Moraes, Aguinaldo Silva e tantos outros.

É muito comum ouvirmos dizer que o Brasil é um país que não lê, ou o faz em proporções ínfimas: pouco mais de um livro por habitante é a nossa média anual de leitura. Mas, pelo menos, o Brasil vê e acompanha, como nos tempos do folhetim, uma história bem contada em cujo enredo estão presentes quase todas as paixões e ambições humanas, desde os vícios mais infames até a glória do amor que tudo redime. Pode-se mesmo dizer, mantendo-se a devida distância, que o universo temático da telenovela tangencia o das comédias e dramas shakespearianos, pois nele não faltam as intrigas, infidelidades, vinganças, traições, paixões desenfreadas, crises conjugais, amores trágicos ou venturosos, ódios incontidos – enfim, tudo aquilo que habita esta alma demasiadamente humana que é a de todos nós. E a novela de televisão se alimenta, em boa parte, dessa mentira ficcional em que consiste a própria matéria-prima do romance e do drama, nos quais com frequência vai buscar as matrizes de suas tramas e de sua personália. Por isso mesmo, e para concluir esta breve exposição, gostaria de transcrever aqui a resposta de Aguinaldo Silva à pergunta que lhe fizeram quanto à existência de um segredo pessoal para o seu estrondoso êxito como novelista: "Antes de começar uma novela vou à minha coleção completa de Balzac e Dickens, tiro um livro ao acaso e leio. E lá eu acho tudo."

2007

DEZ ANOS SEM
Antônio Houaiss[3]

CONHECI ANTÔNIO HOUAISS EM JUNHO de 1964, pouco depois da perda do alto posto que ocupava na delegação do Brasil junto às Nações Unidas, em Nova York, em consequência do golpe militar naquele mesmo ano. Como Houaiss defendera na ONU posição contrária aos interesses colonialistas portugueses na África, o embaixador de Portugal no Brasil pedira sua cabeça aos chefes militares, e foi assim que essa mesma cabeça, com sua fulgurante inteligência e seu ciclópico cabedal humanístico, voltou ao nosso convívio. Conheci-o na casa de uma irmã, levado por Hélcio Martins, que me advertiu: "Prepare-se, você vai conhecer um programador eletrônico." Eu acabara de estrear com o livro de poemas *Os mortos*, do qual Houaiss gostara muito. Mas não foi isso o que, a partir de então, gradualmente nos aproximou a ponto de nos tornarmos o que fomos, amigos para todo o sempre. Impressionaram-me de pronto sua inteligência, sua sabedoria, seu conhecimento

---
[3] Depoimento prestado na mesa-redonda "Dez anos sem Antônio Houaiss", ABL, 2009.

de vida e do mundo e, mais do que tudo, sua resoluta disposição de reconstituir o tempo que perdera como quem recomeça do zero em condições absolutamente adversas, com seus direitos políticos cassados e sua vida profissional destroçada.

Dois anos depois, Houaiss assumia a direção da Grande Enciclopédia Delta-Larousse e convidou-me para seu assessor. Foi a partir daí que se estreitaram nosso convívio e nossa amizade. Foi a partir daí, também, que comecei a vislumbrar melhor não apenas o homem excepcional que me honrava com sua deferência, mas o filólogo, o lexicógrafo, o enciclopedista exemplar, o fino crítico literário e o estupendo leitor de poesia que sempre foi. Foi a partir daí, enfim, que me fiz aplicado discípulo desse mestre inexcedível, a quem só comparo a outros seres excepcionais que sobre mim exerceram funda e fecunda influência, como Aníbal Machado, um pouco antes, Otto Maria Carpeaux e Dante Milano, este último bem depois. Com ele aprendi uma infinita lição de amor à língua, de rigor analítico, de justeza e equilíbrio intelectuais, de humildade – que, como nos diz T.S. Eliot, é a última instância da sabedoria –, de *clarté* e de fidalguia. Muito da poesia e do ensaísmo que hoje escrevo devo-o a ele, aos seus conselhos e às suas lúcidas ponderações. Com ele aprendi, ao fim e ao cabo, uma lição de vida e de paixão pela vida, uma lição de esperança a qualquer preço. Embora derrotado, aquele homem pequenino e tão frágil era um vitorioso.

Filho de pais libaneses, Antônio Houaiss nasceu no Rio de Janeiro em 15 de outubro de 1915 e cumpriu toda a sua formação intelectual nessa cidade, licenciando-se em letras clássicas em 1942 pela Faculdade Nacional de Filosofia da Universidade do Brasil. Professor de português, latim e literatura de 1934 a 1946, foi depois contratado pela Divisão Cultural do Ministério das Relações Exteriores para lecionar português e dar cursos sobre questões culturais brasileiras no Instituto de Cultura Uruguaio-Brasileiro em Montevidéu, onde permaneceu de 1943 a 1945, ano em que ingressou na carreira diplomática. Vice-cônsul do Brasil em Genebra de 1947 a 1949, tornou-se também nessa cidade secretário da delegação permanente do Brasil junto à seção europeia da Organização das Nações Unidas, tendo servido ainda em São Domingos, Atenas e, já então ministro de segunda classe, na delegação brasileira junto à ONU, em Nova York, onde permaneceu de 1960 a 1964 e atuou de maneira decisiva para que o Brasil votasse contra Portugal e a favor da independência das colônias que esse país mantinha na África, o que lhe custou, como já dissemos aqui, a perda de seus direitos políticos por dez anos e a demissão do Itamaraty quando do golpe militar de 1964.

É nessa época que emerge o Antônio Houaiss com quem mantive um longo e profícuo convívio de 35 anos. É então que surgem, além do articulista do *Correio da Manhã* e do tradutor do *Ulysses*, do filólogo de *Sugestões para uma política da língua* e do linguista de *A crise de nossa língua de cultura*, o dicionarista e o enciclopedista com os quais tanto colaborei de 1965 a 1973, durante o período de elaboração da Enciclopédia Delta-Larousse e da Enciclopédia Mirador Internacional. Dilata-se, a partir daí, sua participação na vida cultural e política do país, o que fez dele um farol e uma referência nacional obrigatória para todos os nossos intelectuais, sobretudo para os jovens escritores que ele tanto incentivou em prefácios, cartas e oportunos conselhos. Isso para não falar da ininterrupta atividade que exerceu nas áreas lexicográfica e linguística, o que culmina com a sua decisiva presença, em janeiro e fevereiro de 1986, no Encontro para a Unificação Ortográfica da Língua Portuguesa.

Membro da Comissão Machado de Assis, que se ocupou durante muitos anos das edições críticas das obras do autor de *Dom Casmurro*, da Academia Brasileira de Filologia, da Associação Brasileira de Imprensa e do Conselho Nacional de Política Cultural, ministro da Cultura do governo Itamar Franco e presidente do Sindicato dos Escritores do Rio de Janeiro, Antônio Houaiss não viveu para ver concluído um dos seus sonhos que mais acalentou nos últimos anos da sua existência: o de um grande dicionário da língua portuguesa, cujo projeto de elaboração, iniciado em 1986, foi por diversas vezes interrompido por falta de recursos. Graças aos esforços do lexicógrafo Mauro Vilar, seu sobrinho, e de Francisco de Melo Franco, criador do Instituto Antônio Houaiss, que ele viu nascer e prosperar, o Dicionário Houaiss veio a lume poucos anos depois de sua morte, sendo hoje tão imortal quanto seu idealizador, que pertenceu a esta Casa de 1971 a 1999 e que a presidiu durante o ano de 1996, não concluindo o mandato em virtude do agravamento de seu estado de saúde. Não pôde assim comandar os trabalhos relativos à comemoração do centenário da instituição que tanto honrou com sua inteligência e sua ciclópica erudição humanística.

Quero aqui relatar dois ínfimos episódios que pertencem a essa época e dão bem a medida de sua grandeza. O primeiro é este: havia eu entregado a Houaiss os originais de um longo poema, "Três meditações na corda lírica", para que ele emitisse alguma (para mim valiosíssima) opinião crítica. No dia seguinte cheguei atrasado à editora e, para espanto meu, não vi ninguém. Fui então adentrando o escritório até que me deparei com uma das salas inteiramente tomada por toda a equipe editorial. De pé sobre uma cadeira, Houaiss lia meu poema para uma plateia silenciosa e comovida. Não foi preciso pedir-lhe opinião alguma. O segundo episódio é algo semelhante: depois de dois anos de trabalho diuturno, fiz-lhe chegar às mãos a tradução que concluíra dos *Four Quartets*, de Eliot. Houaiss gostou tanto que não apenas prefaciou-me a tradução, mas conseguiu também, junto a Ênio Silveira, que ela fosse imediatamente publicada pela Civilização Brasileira. Tinha assim origem minha trajetória de tradutor.

Impressionava-me a tal ponto sua atividade intelectual que certo dia decidi seguir-lhe os passos por 24 horas. Às 8 chegamos à Editora Delta, de onde só saímos às 18. Fomos então para sua casa, aquele saudoso apartamento da rua Cardoso Júnior, em Laranjeiras, que tanto e prazerosamente frequentei. Como num passe de mágica, Houaiss preparou-nos um delicioso jantar com iguarias levantinas. Pouco depois chegaram alguns convidados, com os quais eu e o anfitrião mantivemos uma intensa troca de ideias e opiniões sobre diversos assuntos até por volta da meia-noite. Com menos vinte anos do que ele, eu já estava estafado. Essa era a época em que Houaiss, além de seus múltiplos afazeres, estava a meio de sua colossal tradução do *Ulysses*, de Joyce, da qual, aliás, leu-me nessa mesma noite algumas páginas. Despedi-me então, alegando minha exaustão extrema. E perguntei-lhe como aguentava aquele ritmo de trabalho e vida social. Ele respondeu-me: "Imagine, Ivan, depois que todos se forem tenho ainda que escrever um artigo de 15 laudas para a revista da Civilização Brasileira!" Quase desfaleci de estupor. Voltei a colaborar com Houaiss na Enciclopédia Mirador Internacional. Era o mesmo homem: vivaz, enérgico, criativo e resoluto.

Recentemente dele reli *Drummond mais seis poetas e um problema* e *Crítica avulsa*, que são de uma espantosa atualidade. E sempre releio, por mister de ofício, seus *Elementos de bibliologia*, fundamentais para quem queira entender como se devem editar livros. Pouco o vi nos últimos tempos de vida e acompanhei a distância sua breve e quase messiânica passagem pelo Ministério da Cultura, ao qual, como funcionário, pertenci até 1997, quando me aposentei. Mas nossa amizade se manteve intacta, tanto assim que, em 1998, brindou-me o mestre com um lauto e refinado jantar, preparado por ele, evidentemente. E vez por outra conversávamos brevemente ao telefone, pois me preocupava sua saúde cada vez mais debilitada. Às vezes me pergunto como um homem fisicamente tão frágil conseguiu resistir a tantas adversidades e incompreensões. E concluo, mais uma vez, que o salvaram o espírito e a aposta pascaliana que ele selou com a vida. Redimia-o não propriamente sua esperança num mundo melhor – no qual, creio eu, ele já não acreditava –, mas sua inabalável crença no homem e na vida, sua convicção de que o ser humano fosse um dia menos egoísta, menos predatório e mais essencialmente humano, demasiadamente humano, como certa vez o pretendeu Nietzsche.

A homenagem que agora lhe prestamos, quando se completam dez anos de sua morte, é não apenas imperativa, mas oportuna. Não poderia passar em branco essa data. Talvez por pressentir, já em 1994, que ele em breve nos deixaria é que lhe dediquei o volume de poemas *A sagração dos ossos*, que era, como poeta, o que de melhor produzira até então. Quem, senão ele, mereceria essa dedicatória comovida? Ao longo dos últimos anos de sua vida vimo-nos e não nos vimos, mas suponho que sempre pensávamos um no outro. Talvez até nem tanto por uma admiração que imagino recíproca, mas por um afeto que julgo mútuo. Por algum tempo cheguei a acreditar que este país ingrato o ajudaria a terminar sua grande e derradeira obra: o Dicionário Houaiss da língua portuguesa. Mas, além do país, nem Deus nem o diabo pareciam sensibilizar-se. São parcas as palavras e exíguo o espaço que aqui me concedem para celebrar tão desmedido amigo e tão gigantesca figura humana e intelectual. Numa de suas últimas conversas com o editor José Mário Pereira, Antônio Houaiss disse-lhe que gostaria muito de ver na Academia dois de seus amigos mais próximos: eu e a escritora Maria José de Queiroz. No que me toca, esse desejo se cumpriu um ano depois de sua morte. E por isso estou aqui para rememorar o seu gênio e o seu engenho, a sua inesquecível lição de vida, de coragem e de generosidade num mundo que parece já ter esquecido de que o homem é a medida de todas as coisas, das que são, enquanto são, e das que não são, enquanto não são. O grego Protágoras já o sabia. Coube a Antônio Houaiss revivê-lo junto a nós.

2009

Gilberto Freyre
E O COLONIZADOR PORTUGUÊS[4]

LOGO NA ABERTURA DE SEU PREFÁCIO à primeira edição de *Casa-grande & senzala*, publicada em 1933, conta-nos Gilberto Freyre que, em outubro de 1930, lhe ocorreu a ideia do exílio. E acrescenta: "Levou-me primeiro à Bahia; depois a Portugal, com escala pela África." Pouco depois, entretanto, chegou-lhe em Lisboa o convite da Universidade de Stanford para que aceitasse a incumbência de ser um de seus *visiting professors* na primavera daquele ano. E foi "com saudade", diz ele, que, poucos meses depois, deixou Portugal com destino aos Estados Unidos. Esse breve episódio tem algo de premonitório, pois é nas páginas de *Casa-grande & senzala* que iremos encontrar uma das mais agudas e originais interpretações do papel que exerceram os portugueses em nossa sociedade na época da colonização, o que se poderá comprovar, acima de tudo, ao longo do extenso capítulo III daquela obra, que leva o título de "O colonizador português: antecedentes e predisposições".

---

[4] Conferência pronunciada na Academia das Ciências de Lisboa, out. 2010.

Criou-se no Brasil, não sei bem por que descaminhos ou sortilégios da incompreensão, a ideia de que a colonização portuguesa de nosso território foi, antes de mais nada ou quase estritamente, predatória. É claro que se desenvolveram aqui algumas formas graves de predação, desde as práticas escravagistas e a monocultura açucareira até a desenfreada exploração de nossos recursos naturais, particularmente os de origem mineral, às quais se poderiam acrescentar outros males, como os do cartorialismo, da falta de liberdade individual em quase todos os níveis sociais, da lancinante carência de investimentos no processo educacional, da inexistência de publicações ou do sufocante excesso de autoritarismo por parte de um colonizador que desde sempre insistiu em desprezar as diferenças culturais e raciais dos grupos humanos que se encontravam sob sua dominação. Mas essa é apenas uma das faces da moeda, de uma moeda que era corrente não apenas em nosso país, mas também em outros territórios que, no restante do mundo, estavam sendo colonizados àquela época. E é justamente aqui que aflora o ineditismo da interpretação, a um tempo histórica, antropológica, etnográfica, econômica e social, de Gilberto Freyre.

Mas quem era, afinal, esse colonizador? Responde o sociólogo: "Figura vaga, falta-lhe o contorno ou a cor que a individualize entre os imperialistas modernos. Assemelha-se nuns pontos à do inglês; noutros à do espanhol. Um espanhol sem a flama guerreira nem a ortodoxia dramática do conquistador do México ou do Peru; um inglês sem as duras linhas puritanas. O tipo do contemporizador. Nem ideais absolutos, nem preconceitos inflexíveis." Embora tenha ficado em nossa história como o implacável escravocrata que só faltou transportar da África para a América a população inteira de negros, "foi por outro lado o colonizador europeu que melhor confraternizou com as raças chamadas inferiores", além de revelar-se o menos cruel nas relações com os escravos. Esclarece-nos Gilberto Freyre que isso ocorria pela impossibilidade que experimentava o português "de constituir-se em aristocracia europeia nos trópicos: escasseava-lhe para tanto o capital, senão em homens, em mulheres brancas". Todavia, independentemente da falta ou da escassez dessa mulher branca, a verdade é que o português sempre tendeu, em suas aventuras marítimas e coloniais, para o voluptuoso contato com a mulher exótica. Em suma, para o cruzamento e a miscigenação. E acrescenta o autor de *Casa-grande & senzala*: "Tendência que parece resultar da plasticidade social, maior no português que em qualquer outro colonizador europeu."

Pode-se dizer que a colonização do Brasil processou-se de forma mais aristocrática do que em qualquer outra parte da América. Observa assim o sociólogo que, no Peru, "terá havido maior brilho cenográfico; maior ostentação das formas e dos acessórios da aristocracia europeia", mas onde o processo de colonização revelou-se essencialmente aristocrático, diz ele, foi no Norte do Brasil. Aristocrático, patriarcal e escravocrata, já que o português "fez-se aqui senhor de terras mais vastas, do de homens mais numerosos que qualquer outro colonizador da América". Medularmente plebeu, "ele teria falhado na esfera aristocrática em que teve de desenvolver-se seu domínio colonial no Brasil". Mas não falhou, antes fundou a maior civilização moderna nos trópicos. Engana-se, pois, o conde Hermann de Keyserling, quando em seu "Portugal", estudo publicado em Lisboa em 1931, chega ao exagero impressionista de reduzir os portugueses a um povo sem grandeza nenhuma, diminuindo-lhes a importância da função criadora que, durante os séculos XV e XVI, afirmou-se não apenas na técnica da navegação e da construção naval, mas também na audácia dos descobrimentos e das conquistas, nas guerras da África e da Índia, na opulenta literatura de viagens e no eficaz imperialismo colonizador.

Só lhes preserva de original, sublinha ainda Gilberto Freyre, "a música popular ou plebeia; e de grande o ódio ao espanhol. Ódio igualmente plebeu". Por esse ódio ou antagonismo ao espanhol é que o português se teria conservado autônomo. Mas antes do ódio ao espanhol, um outro, talvez mais profundo e criador, agiu sobre o caráter português, predispondo-o ao nacionalismo e até mesmo ao imperialismo: o ódio ao mouro. Quase o mesmo ódio, salienta o ensaísta, "que se manifestou mais tarde no Brasil nas guerras aos bugres e aos hereges". Sobretudo aos hereges, o inimigo contra o qual se uniram energias dispersas e até conflitantes, como jesuítas e senhores de engenho, paulistas e baianos. Pode-se mesmo afirmar que a unificação moral e política do território colonizado ocorreu em grande parte graças à solidariedade dos distintos grupos contra a heresia, ora encarnada pelo corsário francês, ora pelo flibusteiro inglês. Assim é que nossa hostilidade aos ingleses, franceses e holandeses sempre manifestou o mesmo caráter de profilaxia religiosa. Como lembra Gilberto Freyre, durante todo o século XVI houve clara tolerância, ou mesmo certa doçura, da parte dos padres de Santos com relação aos europeus que ali viviam ou comerciavam. O ódio era profilático: contra o pecado, e não contra o pecador, diria um teólogo.

O descobrimento do Brasil inclui-se no amplo programa marítimo e comercial iniciado pela viagem de Vasco da Gama às Índias. A colonização do extenso território americano desviou-se, todavia, das normas comerciais e burguesas do primeiro século do imperialismo português para reviver os modelos de autocolonização aristocrática e agrária postos em prática nas terras que Portugal reconquistou aos mouros. Sustenta Gilberto Freyre que o Brasil "foi como uma carta de paus puxada num jogo de trunfo em ouros". Ou seja, uma decepção para o imperialismo que se iniciara com a viagem de Vasco da Gama. Daí, pondera o sociólogo pernambucano, "o gesto mole, desinteressado, sem vontade, com que a Coroa recolheu ao seu domínio as terras de pau-de-tinta descobertas por Pedrálvares Cabral". Somente mais adiante – na fase propriamente colonizadora, a que se estende de fins do século XVI a meados do século XVII –, é que o Brasil "teria força de trunfo no jogo das competições imperialistas das nações europeias", transformação essa que se deve à súbita valorização do açúcar nos mercados aristocráticos e burgueses do velho continente. A bem da verdade, o açúcar tornou-se artigo de luxo, sendo comercializado a preços elevadíssimos e com lucros imensos tanto para produtores quando para intermediários.

Iniciada a colonização do vasto território pelo esforço dos portugueses, cumpre reconhecer desde logo que ao sangue do colonizador oficial se misturou o de europeus das mais variadas origens: ingleses, franceses, florentinos, genoveses, alemães, flamengos, espanhóis. A nenhum deles se opunha objeção de raça ou nacionalidade para que fossem admitidos na sociedade portuguesa da América no século XVI, contanto que fossem católico-romanos ou que aqui, como observa Gilberto Freyre, "se desinfetassem com água benta da heresia pestífera". Parece evidente a liberalidade para com o estrangeiro na América portuguesa daquele século, uma liberalidade, aliás, que vinha de longe, das próprias raízes da nação portuguesa. Não se trata, portanto, de nenhuma virtude advinda do nada, e sim, como adverte o autor de *Sobrados e mucambos*, "do resultado quase químico da formação cosmopolita e heterogênea desse povo marítimo". É um erro dividir Portugal em dois: um louro, que seria o aristocrático do Norte; e outro moreno ou negroide, do Sul, que seria o plebeu. Situado entre a África e a Europa, o quase permanente estado de guerra em que por longos anos viveu Portugal deu-lhe "uma constituição social vulcânica que se reflete no quente e plástico de seu caráter nacional, das duas classes e instituições, nunca endurecidas nem definitivamente estratificadas".

Predisposto por sua situação geográfica, ou seja, de trânsito, de intercomunicação e de conflito entre elementos vários e díspares, quer étnicos, quer sociais, Portugal, como ressalta o sociólogo brasileiro, "acusa em sua antropologia, tanto quanto em sua cultura, uma grande variedade de antagonismos, uns em equilíbrio, outros em conflito". E esses antagonismos em conflito "são apenas a parte indigesta da formação portuguesa: a maior parte se mostra harmoniosa nos seus contrastes, formando um todo social plástico, que é o caracteristicamente português". Sustenta ainda Gilberto Freyre que Portugal "é por excelência o país europeu do louro transitório ou do meio louro". Assim, nas regiões mais irrigadas pelo sangue nórdico "muita criança nasce loura e cor-de-rosa como um Menino Jesus flamengo para tornar-se, depois de grande, morena e de cabelo escuro". Ou então – o que é mais típico – revela-se a dualidade, o equilíbrio de antagonismos, naqueles minhotos de que nos fala Alberto Sampaio: homens morenos de cabelo louro, homens de barba loura e cabelo escuro. Para Gilberto Freyre, foram esses "mestiços com duas cores de pelo" que constituíram "a maioria dos portugueses colonizadores do Brasil, nos séculos XVI e XVII; e não nenhuma elite loura ou nórdica, branca pura: nem gente toda morena e de cabelo preto. Nem os dólico-louros de Oliveira Viana, nem os judeus de Sombart, nem os moçárabes de Debbané, mas portugueses típicos".

Conviria ainda salientar aqui que a dualidade na cultura e no caráter dos portugueses se acentuara na época do domínio mouro. E após derrotado o povo africano sua influência haveria de persistir graças a uma série de efeitos da ação e do trabalho dos escravos sobre os senhores. Assinala a propósito Gilberto Freyre que a "escravidão a que foram submetidos os mouros e até os moçárabes, após a vitória cristã, foi o meio pelo qual se exerceu sobre o português decisiva influência não só do mouro, do maometano, do africano, mas geral, do escravo". E foi essa influência, insiste o mestre de Apipucos, que o predispôs "como nenhuma outra para a colonização agrária, escravocrata e polígama – patriarcal, enfim – da América tropical". E sem a experiência moura, o colonizador teria provavelmente fracassado na formidável tarefa que era administrar tão vasto e inóspito território. Restaria ainda observar, no que toca à participação do mouro e do moçárabe no processo de colonização do Brasil, ser muito provável que para cá tenham vindo, em companhia dos cristãos-novos e portugueses velhos que o iniciaram, numerosos indivíduos daquelas duas etnias. De qualquer modo, como o atestam estudos recentes dos inventários e testamentos do século XVI, a colonização do Brasil fez-se muito à portuguesa, ou seja, de forma heterogênea quanto a procedências étnicas e sociais. Escreve Gilberto Freyre: "Nela não terão predominado nem morenos nem louros. Nem moçárabes como pretende Dabbané nem aristocratas como imaginou o arianismo místico de Oliveira Viana. Nem os dourados fidalgos de Frei Gaspar nem a escória do reino – criminosos e mulheres perdidas – de que tanto se acusa Portugal de ter enchido o Brasil nos primeiros séculos de colonização."

De acordo com o autor de *Ingleses no Brasil*, nosso território foi colonizado por uma nação de homens malnutridos, sendo falsa a ideia que geralmente se faz do português como indivíduo superalimentado. Ramalho Ortigão foi um dos primeiros a se dar conta desse engano, embora o tenha feito por um caminho incerto, ou seja, o reduzido consumo de carne em Portugal. As estatísticas são alarmantes, sobretudo em Lisboa: quilo e meio de carne por mês para cada habitante. E a deficiência dessa dieta não foi só de carne de vaca, mas também de leite e vegetais, substituídos pelo consumo de peixe seco e comida em conserva. E curioso era o contraste entre essa indigência alimentar, ao lado de uma absoluta falta de conforto doméstico, e o fausto do vestuário não apenas dos fidalgos, mas também da escravaria. Boa parte desses hábitos foi transplantada para a nova colônia, tanto assim que viajantes ingleses e franceses que por aqui estiveram durante os séculos XVI e XVII observaram que ao esplendor das sedas e ao número abusivo de escravos raramente correspondia o conforto doméstico das residências. William Cecil Dampier, citado por Gilberto Freyre, escreveu em suas *Voyages* que na Bahia, em fins do século XVII, havia casarões enormes, mas pobremente mobiliados. Daí as casas-grandes de senhores de engenho que viu no Brasil: todas de escasso mobiliário. E quadros na parede, raríssimos – somente numa ou noutra, mais requintada. Em certo sentido, como assinalam os historiadores Costa Lobo, Oliveira Martins e João Lúcio de Azevedo, todo esse quadro poderia ser um reflexo da decadência da economia agrária em

Portugal, ou seja, no entender de Gilberto Freyre, "o modo por que a nação se mercantilizou a ponto de tornar-se grande casa de negócios com o próprio rei e os maiores fidalgos transformados em negociantes".

Oliveira Martins pergunta se teria mesmo sido "um crime escravizar o negro e levá-lo à América". Para alguns publicistas da época foi erro crasso e enorme. Mas ninguém nos disse até hoje, atalha o autor de *Açúcar*, "que outro método de suprir as necessidades do trabalho poderia ter adotado o colonizador português no Brasil". E aqui seria oportuno recordar que o êxito desse empreendimento se fundou desde sempre em dois sustentáculos: açúcar e negros. Não fossem esses negros, de onde viria a mão de obra capaz de enfrentar o clima áspero do Brasil e suas grandes extensões de terra? Terra de insetos devastadores, de secas e inundações. A saúva, apenas ela, sem outra praga nem dano, teria vencido qualquer colono europeu. É por isso que escreve Gilberto Freyre: "Tenhamos a honestidade de reconhecer que só a colonização latifundiária e escravocrata teria sido capaz de resistir aos obstáculos enormes que se levantaram à civilização do Brasil pelo europeu. Só a casagrande e a senzala. O senhor de engenho rico e o negro capaz de esforço agrícola e a ele obrigado pelo regime de trabalho escravo." Não foram poucas nem brandas as críticas, sobretudo da esquerda, que recebeu na época o autor por tais afirmações, mas o que se deve ver aqui não é o elogio à deplorável prática escravagista, e sim o duro reconhecimento de uma realidade histórica, econômica e social.

Outro grande problema relacionado ao processo da colonização portuguesa no Brasil foi o do povoamento de nosso vasto território. Até mesmo na legislação portuguesa, como salienta Gilberto Freyre, refletiu-se "o problema de escassez de gente ao qual parece às vezes ter-se sacrificado a própria ortodoxia católica". É isso o que se percebe em Portugal durante o Quinhentos e o Seiscentos, quando a Igreja consente no casamento de *juras*, ou secreto, consumado com o coito. As Ordenações Manuelinas, e depois Filipinas, o sacramentaram, considerando cônjuges os que vivessem em pública voz e fama de marido e mulher. Enfim, uma grande tolerância para com qualquer espécie de união de que resultasse o aumento de gente, uma infinita benignidade para com os filhos naturais. E no Brasil não foi diferente. Como bem observa o sociólogo brasileiro, os "interesses de procriação abafaram não só os preconceitos morais como os escrúpulos católicos de ortodoxia; e ao seu serviço vamos encontrar o cristianismo que, em Portugal, tantas vezes tomou característicos quase pagãos de culto fálico". Recorde-se a propósito que os grandes santos nacionais tornaram-se aqueles aos quais a imaginação popular decidiu atribuir milagrosa intervenção em aproximar os sexos, em fecundar as mulheres, em proteger a maternidade, como Santo Antônio, São João, São Gonçalo do Amarante, São Pedro, o Menino Deus, Nossa Senhora do Ó, da Boa Hora, da Conceição, do Bom Sucesso, do Bom Parto e tantos outros. E parece-nos óbvio que tal importância e prestígio se comunicaram ao Brasil, onde os problemas do povoamento, tão angustiantes em Portugal, prolongaram-se através das dificuldades da colonização em tão precários recursos de gente.

Em outro plano, o da alimentação, observa Gilberto Freyre que "a culinária portuguesa, tanto quanto o hagiológio, recorda nos velhos nomes de quitutes e guloseimas, nas formas e ornamentos meio fálicos de bolos e doces, na condimentação picante, como que afrodisíaca, dos guisados, cozidos e molhos, a vibração erótica, a tensão procriadora que Portugal precisou manter na sua época intensa de imperialismo colonizador". Estímulos idênticos ao amor e à fecundidade podem ser encontrados na culinária colonial brasileira. Deixemos que fale, mais uma vez, o autor de *Casa-grande & senzala*: "Mesmo nos nomes de doces e bolos de convento, fabricados por mãos seráficas, sente-se às vezes a intenção afrodisíaca, o toque fescenino a confundir-se com o místico: suspiros de freira, toucinho do céu, barriga de freira, manjar do céu, papos de anjo." Na verdade, eram os bolos e doces pelos quais suspiravam os freiráticos à porta dos conventos. Impedidas de entregar-se em carne a tais adoradores, muitas freiras davam-se a eles nos bolos e caramelos, que adquiriam assim uma espécie de simbolismo sexual. Conta-nos Gilberto Freyre que Afrânio Peixoto, em um de seus romances de costumes, escreve a propósito desses bolos e doces de origem conventual: "Não foram outros como nós, gozadores, que lhes demos tais apelidos, mas as suas autoras, as respeitáveis abadessas e freiras dos conventos portugueses nos quais a ocupação, mais do que o serviço divino, era a fábrica dessas iguarias."

É na instituição social da escravidão que iremos encontrar, na verdade, o grande excitante de sensualidade entre os portugueses, como depois também entre os brasileiros. Assinala Gilberto Freyre que a "escravidão, de que sempre se serviu a economia portuguesa, mesmo nos seus tempos de rija saúde, tomou aspecto acentuadamente mórbido ao tornar-se a monarquia mercantil e imperialista". Diz-nos Alexandre Herculano, referindo-se ao século XVI, que "a vida do escravo era nessa época verdadeiramente horrível em Portugal". Não resta dúvida de que isso ocorria devido à necessidade de corrigir-se a qualquer preço o desequilíbrio demográfico e econômico resultante das conquistas e aventuras de ultramar. Mas não se pode atribuir apenas ao regime de trabalho escravo a dissolução moral da sociedade portuguesa da forma como a denunciam os viajantes estrangeiros depois do século XV. Como observa Gilberto Freyre, "a devassidão não era só portuguesa, mas ibérica". Ademais, seria aqui oportuno deixar claro que os colonizadores sofreram decisiva influência no sentido da dissolução moral, não exclusiva ou diretamente da América, mas das colônias em geral, dos contatos com povos exóticos e raças atrasadas, das conquistas e das relações ultramarinas. Tratava-se, por assim dizer, do ônus do imperialismo.

Foram muitos entre nós os que se empenharam na interpretação do papel que exerceu o colonizador português na formação da sociedade brasileira. Bastaria para comprová-lo recorrer às opulentas notas bibliográficas que se seguem a cada um dos capítulos de *Casa-grande & senzala*, bem como às de outros estudos que nos legou o autor. Mas penso que poucos feriram tão fundo o assunto quanto Gilberto Freyre, sobretudo quando derruba certos preconceitos e mal-entendidos acerca desse colonizador. Embora predador como todo homem branco, foi ele, muito mais do que o negro ou o índio, que implantou os valores fundamentais de nossa cultura e de nossa civilização, aquele que nos deu, acima de tudo, uma língua, essa língua que, como muito bem o disse o acadêmico Barbosa Lima Sobrinho, assegurou a indestrutível unidade política e histórica de nosso território. Não foi ele, como aqui já se disse, um simples devastador de nossas riquezas ou um corruptor da moral e dos costumes que sequer se poderiam considerar como tais na época em que aqui aportou a pequena frota de Pedro Álvares Cabral. Avesso ao ímpeto guerreiro dos espanhóis e à inflexibilidade puritana dos ingleses, o colonizador português foi, antes de mais nada, um conciliador que, exatamente porque assim o era, conseguiu fundar uma das mais formidáveis e surpreendentes civilizações tropicais.

2010

Nos confins da memória

AGILIDADE NARRATIVA, extrema viveza dos diálogos, consistência e cromatismo das personagens, linguagem ficcional concisa e de invulgar correção, humor, pleno domínio dos meios de expressão e uma história cujos nós dramáticos levam o leitor a não despegar os olhos do texto por um só instante – o que pedir mais, afinal, de uma escritora que apenas estreia, de uma romancista que, após sua longa e sólida trajetória de pianista internacional, soube pacientar à espera da hora certa de se apresentar diante do público? Refiro-me aqui a Gilda Oswaldo Cruz e ao seu romance *Na sombra do herói*, na verdade uma espécie de saga *à clef* da família a que pertence a autora, neta do sanitarista e pesquisador Oswaldo Cruz, que fundou em Manguinhos o instituto que leva o seu nome e instituiu entre nós a prática da vacinação obrigatória, erradicando do Rio de Janeiro a febre amarela e outras endemias que assolavam a antiga capital do país.

    Dividido em duas partes distintas – uma, com capitulação em romano, que nos remete às origens da família; outra, em arábico, que se ocupa de sua mais recente contemporaneidade, até fins da década de 1940 –, o romance nos dá um dos mais notáveis exemplos de arqueologia familiar de que tem notícia a atual ficção em língua portuguesa. Nesse sentido, revela-se a autora também uma soberba memorialista, não fora a sua consabida – e disso dou testemunho – paixão pela obra de Proust, tal a percebi quando nos conhecemos no fim dos anos 50. Curiosamente, entretanto, é quase imperceptível a influência do grande escritor francês em *Na sombra do herói*. E se recorrêssemos aqui àquela sábia distinção feita por José Lins do Rego entre prosadores "gordos" e "magros", seria provavelmente mais justo incluí-la entre aqueles primeiros, não tanto em razão da linguagem ou do estilo, que nela são austeros, mas antes do vasto e polimórfico painel romanesco que nos descortina, o que poderia levar a crítica a cogitar desses "gordos" geniais que foram Balzac, Dickens ou Victor Hugo. Há algo deles, sim, em Gilda Oswaldo Cruz, muito embora, para além deles, o que perdura, afinal, é apenas ela.

Cumpre alertar, entretanto, que o memorialismo a que aludimos (e recorde-se aqui, muito a propósito, uma das epígrafes, a de Strindberg, que a escritora apõe ao romance: "Pensava saber, mas apenas me lembrava."), se de um lado resgata admiravelmente as figuras de tias, irmãs, primas, cunhados e cunhadas, avôs e avós, desde os distantes tempos do patriarca português da família, de outro, e sobretudo, está a serviço da recuperação da imagem do pai, Conrado (leia-se: o cientista e exímio enxadrista Walter Oswaldo Cruz, que, em Los Angeles, chegou a ganhar uma disputa com o "canastrão" Charles Boyer), com quem a autora somente pôde manter, pelo menos até certa época, um atribulado e episódico convívio. Daí, sua obsessão por recompor-lhe os passos, que eram erráticos, impulsivos, imprevisíveis. E o surpreendente resgate do caráter insubordinado e do perfil psicológico desse pai, assim como dos traços europeus da governante Lotte – uma das mais pujantes personagens femininas de nossa ficção contemporânea –, dão bem a medida do talento de Gilda Oswaldo Cruz, que, para a nossa fruição de leitores, trocou momentaneamente as teclas pelas letras, contemplando-nos com um romance vigoroso e opulento, mas a que não faltam elegância, *wit* e fluidez narrativa. Numa palavra, um romance que veio para ficar.

2010

Casimiro de Abreu:
A ETERNA PRIMAVERA

PERTENCENTE À SEGUNDA GERAÇÃO ROMÂNTICA – na qual figuram, entre outros, Álvares de Azevedo, Junqueira Freire, Fagundes Varela e Laurindo Rabelo –, Casimiro de Abreu será talvez o poeta mais divulgado no Brasil, sendo incontáveis as edições de sua obra principal, *Primaveras*, a última delas em 2009, no ensejo da comemoração do sesquicentenário de sua publicação. Isso se deve, em boa parte, a poemas como "Meus oito anos", "A valsa" e "Amor e medo", incluídos no volume acima citado, escrito quando o autor contava apenas 19 anos e publicado poucos meses antes de sua morte, em 1860. Não há quem não se lembre, aqui e em Portugal – onde o poeta viveu de 1853 a 1857 –, de pelo menos uma das estrofes de "Meus oito anos", em particular a primeira, cujos versos iniciais nos dizem:

> Oh! que saudades que tenho
> Da aurora de minha vida,
> Da minha infância querida
> Que os anos não trazem mais!

Casimiro de Abreu integra a geração romântica na qual predomina o sentimento pessimista, o tom de desespero, aquela em que a mágoa dos amores contrariados ou o tédio da vida põem acentos lúgubres nos cantos doloridos dos jovens poetas, todos subjugados por "abominável doença moral". Ardente, pálida e nervosa, é a geração que traz para a nossa literatura o amargor irônico e algo satânico de Byron, a melancólica tristeza de Musset, a inquietação espiritual de Keats e Shelley, o tom pessimista de Leopardi e Espronceda. Aos 21 anos de idade, os integrantes desse grupo de poetas quase imberbes sucumbiam ao tédio e encontravam na morte a única solução para as suas angústias. Chorava-se por sistema, era-se infeliz por imitação. Como observa Ronald de Carvalho, em todos eles havia traços profundos de parentesco moral não apenas na sensibilidade, que tinham afinada em grau extremo, mas também na concepção literária da obra de arte.

Quem se realiza com menos inquietação, todavia, é justamente Casimiro de Abreu, em quem se percebem alguns dos mais puros acentos líricos de nossa língua. Ao contrário dos tormentos filosóficos e religiosos que povoam a poesia de Junqueira Freire, é nas cenas de infância, nas recordações de meninice, nos esboços românticos da primeira adolescência que reside a sua inesgotável fonte de inspiração. Isso explica por que sua poesia é a mais simples, a mais ingênua, a mais pura de quantas já se escreveram entre nós. Em sua *Apresentação da poesia brasileira*, Manuel Bandeira observa, muito a propósito, que os "encantos da paisagem brasileira, as saudades da infância, a nostalgia da pátria, os primeiros sobressaltos da adolescência foram por ele cantados com um acento de ternura nova, pessoal e inconfundível". Casimiro é, enfim, o doce e lírico poeta de nossa adolescência.

A obra completa do autor das *Primaveras* já foi publicada por quatro vezes: em 1871, com organização de Joaquim Norberto de Sousa e Silva; em 1883, sob a responsabilidade de Joaquim José de Carvalho Filho; em 1895, organizada por Manuel Ida Said Ali; e em 1940, em edição definitiva, sob os cuidados de Sousa da Silveira. Ao contrário deste, que privilegia o viés filológico do texto poético, a que agora se publica, preparada por Mário Alves de Oliveira – responsável, também, pela organização da *Correspondência completa* do autor e da edição comemorativa dos 150 anos de publicação das *Primaveras* –, enfatiza o caráter biográfico. Dividiu-a o organizador em duas partes: a primeira abriga a obra do poeta propriamente dita, enquanto a segunda reúne os comentários de Mário Alves de Oliveira a cada um dos textos casimirianos, priorizando quase sempre aspectos biográficos e literários do legado que nos deixou esse grande romântico.

A obra de Casimiro de Abreu não é, como se sabe, das mais opulentas do ponto de vista quantitativo. Pelo que se compulsou até hoje, resume-se a 118 poemas, duas pequenas peças teatrais (a cena dramática *Camões e o Jau* e uma incompleta *Revista do Ano*), três contos ("Carolina", "A virgem loura" e o inacabado "Camila") e quatro textos em prosa: o prólogo do citado *Camões e o Jau*, a introdução das *Primaveras*, o necrológio "J.J. Cândido de Macedo Junior" e a página memorialística "No álbum do Figueiredo". Ademais, Casimiro de Abreu deixou aquela que pode ser chamada a sua obra não literária, a saber: 82 cartas, duas polêmicas mantidas na imprensa e um minúsculo fragmento de diário revelado em 1883.

Esclarece ainda o organizador que esta nova edição se justifica na medida em que tenta aclarar alguns pontos obscuros ou mesmo controversos na obra de Casimiro, revelando ao mesmo tempo certos textos de sua autoria inteiramente esquecidos e inserindo em sua "obra completa" cerca de vinte trabalhos até então publicados apenas em revistas e jornais. Mário Alves de Oliveira assegura-nos, também, que os comentários aos textos poéticos do autor irão fornecer aos leitores um punhado de informações inéditas não só sobre ele, mas igualmente sobre alguns personagens que o inspiraram ou fizeram parte de sua breve existência. Que as atuais gerações, tão distantes dos livros e de nosso passado literário, reconheçam-lhe o esforço, a dedicação, a inteligência crítica e, acima de tudo, o amor às nossas letras.

2010

O PAPEL DO RIO NA POESIA DE
Manuel Bandeira[5]

ASSIM COMO VÁRIOS OUTROS ARTISTAS e escritores que deixaram seus estados de origem – Carlos Drummond de Andrade, de Minas, João Cabral de Melo Neto, de Pernambuco, Adonias Filho, da Bahia, Rachel de Queiroz, do Ceará, Lins do Rego, da Paraíba, Lêdo Ivo, de Alagoas, Josué Montello, do Maranhão –, o recifense Manuel Bandeira transferiu-se em 1896 para a então capital federal, onde morou de início na travessa Piauí e, mais tarde, em Laranjeiras, bairro em que permaneceu por seis anos. Embora não brincasse com os moleques da rua, ali conviveu com gente simples ou mesmo humilde – vendeiros, açougueiros, quitandeiros, padeiros –, e não me parece haver dúvida, como adiante se verá, de que essa experiência iria marcá-lo para o resto da vida, pois sua poesia constitui, acima de tudo, uma ascética lição de humildade, visível no despojamento verbal de tudo o que escreveu em verso e prosa. E isso a um tal ponto que ele dirá, no poema "Testamento", ser um poeta menor:

---
[5] Conferência pronunciada na Academia Carioca de Letras, Rio de Janeiro, ab. 2011.

> Criou-me, desde eu menino,
> Para arquiteto meu pai.
> Foi-se-me um dia a saúde...
> Fiz-me arquiteto? Não pude!
> Sou um poeta menor, perdoai!

Ainda no Rio, frequentou o externato do Ginásio Nacional (atual Colégio Pedro II), onde foi aluno do filólogo Silva Ramos e colega de turma do também filólogo Sousa da Silveira, que lhe despertaram o amor pelos clássicos da língua. Conhece ali, nesse mesmo período, Antenor Nascentes, Lucilo Bueno, Carlos França, José Veríssimo, João Ribeiro e outros mestres ilustres. Lê Camões, Gil Vicente, Bernardim Ribeiro, François Coppée, Leconte de Lisle, Baudelaire, Heredia, Antônio Nobre, Cesário Verde. Enfim, Bandeira usufrui do privilégio de conviver com alguns dos mais refinados e exigentes intelectuais da época numa cidade que era então – e de certa forma ainda o é – a mais poderosa caixa de ressonância do país. E é a ela que deve o poeta a sua primeira formação, como a ela irá ficar devendo a cristalização de inúmeros outros traços de sua personalidade, de seu temperamento e de sua arte.

A trajetória carioca de Manuel Bandeira, que se ausenta da cidade entre 1903 e 1904 a fim de prestar, na Escola Politécnica de São Paulo, os exames preparatórios para o curso de arquitetura, é bruscamente interrompida no fim daquele último ano, quando, acometido pela tuberculose, o poeta inicia uma longa e infrutífera peregrinação em busca de melhores climas para o tratamento da doença. Passa então por várias cidades: Campanha, Teresópolis, Petrópolis, Maranguape, Uruquê, Quixeramobim. Mas o mal não lhe dá tréguas, o que o leva, em 1913, a embarcar para a Europa, a fim de se tratar no sanatório de Clavadel, em Davos-Platz, na Suíça. Ali reaprende o alemão que estudara no ginásio e faz amizade, entre outros, com Paul Eugène Grindel, que se tornaria famoso mais tarde sob o pseudônimo de Paul Éluard, com Gala, futura esposa de Éluard e depois de Salvador Dalí, e com o poeta húngaro Charles Picker, que não resistiu à doença. Lê Apollinaire, Charles Cros, Guérin, MacFiona Leod e, por insistência de Éluard, Vildrac, Claudel, Fontainas. Tenta em vão, por essa época, imprimir em Coimbra seu primeiro volume de versos, *Poemetos melancólicos*, mas os originais acabam sendo esquecidos em Clavadel, não lhe sendo possível refazê-lo na íntegra.

Precariamente curado, Bandeira regressa ao Rio em outubro de 1914, logo após a eclosão da I Guerra Mundial, e vai residir na rua (hoje avenida) Nossa Senhora de Copacabana, mudando-se depois para a rua Goulart, no Leme. Lê Goethe, Lenau e Heine, cuja poesia o leva a uma funda meditação sobre a arte do verso. E assim se inicia o período de sua permanência definitiva na cidade. Foram muitos, a partir de então, os endereços nos quais residiu, a começar pelos das ruas do Triunfo e do Curvelo (atual Dias de Barros), em Santa Teresa, onde foi vizinho do poeta e grande amigo Ribeiro Couto e onde também, como ele próprio dirá mais tarde, encontra o "elemento de humildade cotidiano", acrescentado: "Não sei se exagero dizendo que foi na rua do Curvelo que reaprendi os caminhos da infância." Ali morou por treze anos, escreveu três livros – *O ritmo dissoluto, Libertinagem* e *Crônicas da província do Brasil* – e muitos dos poemas de *Estrela da manhã*. Pouco antes, em 1917, publicara seu livro de estreia, *A cinza das horas*, que recebeu uma crítica consagradora de João Ribeiro e ao qual se seguiu, dois anos depois, *Carnaval*, este último já situado no contexto transgressor do movimento modernista de 1922. Em 1933, Bandeira muda-se para a rua Morais e Vale, na Lapa, o que lhe inspira o pequeno poema "O amor, a poesia, as viagens", incluído em *Estrela da manhã*:

> Atirei um céu aberto
> Na janela de meu bem:
> Caí na Lapa. – um deserto...
> – Pará, capital Belém.

A presença do Rio de Janeiro na poesia do autor pode ser rastreada em muitos de seus poemas. Se não cabe aqui referir os primeiros que compôs e que figuram em *A cinza das horas*, coletânea repleta de lembranças de Clavadel e das cidades brasileiras pelas quais perambulou em busca de cura para a doença que quase o matou, os que se incluem em *Carnaval*, cuja própria temática nos remete à festa popular que faz parte obrigatória do calendário carioca, já trazem claros indícios das intensas e duradouras relações que o poeta sempre manteve com a cidade. É também por essa época que Bandeira participa com maior assiduidade do grupo boêmio formado por Jayme Ovalle, Rodrigo Melo Franco de Andrade, Dante Milano, Oswaldo Costa, Ribeiro Couto e Prudente de Morais Neto. Era a Lapa dos bordéis, das prostitutas bonitas, dos malandros, dos restaurantes baratos (como o Reis, onde todos costumavam pedir o modestíssimo bife à moda da casa), dos cafés-concerto, dos mendigos, dos compositores – enfim, da gente desvalida e marginalizada da cidade, dessa gente humilde que povoa boa parte dos poemas do autor.

A Lapa lhe inspirou não poucas obras-primas de que cabe orgulhar-se a poesia brasileira. Uma delas de leitura obrigatória para aqueles que quiserem entender o caso de amor entre o poeta e a cidade que o acolheu. Trata-se da "Última canção do beco" (leia-se: o beco dos Carmelitas), pertencente a *Lira dos cinquent'anos*:

> Beco que cantei num dístico
> Cheio de elipses mentais,
> Beco das minhas tristezas,
> Das minhas perplexidades
> (Mas também dos meus amores,
> Dos meus beijos, dos meus sonhos),
> Adeus para nunca mais!
>
> Vão demolir esta casa.
> Mas meu quarto vai ficar,
> Não como forma imperfeita
> Neste mundo de aparências:

Vai ficar na eternidade,
Com seus livros, com seus quadros,
Intacto, suspenso no ar!

Beco de sarças de fogo,
De paixões sem amanhãs,
Quanta luz mediterrânea
No esplendor da adolescência
Não recolheu nestas pedras
O orvalho das madrugadas,
A pureza das manhãs!

Beco das minhas tristezas,
Não me envergonhei de ti!
Foste rua de mulheres?
Todas são filhas de Deus!
Dantes foram carmelitas...
E eras só de pobres quando,
Pobre, vim morar aqui.

Lapa – Lapa do Desterro –,
Lapa que tanto pecais!
(Mas quando bate seis horas,
Na primeira voz dos sinos,
Como na voz que anunciava
A conceição de Maria,
Que graças angelicais!)

Nossa Senhora do Carmo,
De lá de cima do altar,
Pede esmolas para os pobres,
– Para mulheres tão tristes,
Para mulheres tão negras,
Que vêm nas portas do templo
De noite se agasalhar.

Beco que nasceste à sombra
De paredes conventuais,
És como a vida, que é santa
Pesar de todas as quedas.
Por isso te amei constante
E canto para dizer-te
Adeus para nunca mais!

Seria de todo pertinente lembrar nesse passo a crucial importância do beco na obra poética de Manuel Bandeira, que consagra ao tema duas outras notáveis composições "Poema do beco" e "Duas canções do tempo do beco". E vale a pena também recordar aqui o que escreve o autor sobre a gênese e a estrutura daquele primeiro poema no *Itinerário de Pasárgada*: "A 'Última canção do beco' é o melhor poema para exemplificar como em minha poesia quase tudo resulta de um jogo de intuições. Não faço poesia quando quero e sim quando ela, poesia, quer. E ela quer às vezes em horas impossíveis (...) A 'Última canção do beco' nasceu num momento destes (...) De repente a emoção se ritmou em redondilhas, escrevi a primeira estrofe, mas era hora de vestir-me para sair, vesti-me com os versos surgindo na cabeça, desci à rua (...) e os versos vindo sempre, e eu com medo de esquecê-los, tomei um bonde, saquei do bolso um pedaço de papel e um lápis, fui tomando as minhas notas (...) os versos não paravam (...) De volta à casa, bati os versos na máquina e fiquei espantadíssimo ao verificar que o poema se compusera, à minha revelia, *em sete estrofes de sete versos de sete sílabas.*"

Embora cristalina, essa confidência literária sobre a psicologia da composição bandeiriana requer um pequeno reparo ou, se preferem, uma achega: o poema se compôs à revelia do poeta enquanto este se restringia apenas à sua consciência desperta, mas não ao processo subconsciente que nele desde sempre permaneceu em atento estado de vigília poética. Na verdade, a gestação deste poema deverá ter sido lentíssima, e dela Bandeira jamais se apercebeu no nível da consciência desperta. Ao contrário do que se poderia pensar, o poema só nasceu pronto enquanto manifestação demiúrgica da consciência formal, pois o ato através do qual se exteriorizou sua realidade estética jamais poderia prescindir dos elementos composicionais que nele preexistiam em potência. Como Sócrates o fizera em relação às ideias, Bandeira recorreu à arte da maiêutica para dar à luz seus versos admiráveis. Mas o parto somente se realizou graças ao mistério e aos sortilégios do beco.

E este mesmo beco, o dos Carmelitas, na Lapa, exerceu sobre Bandeira um fascínio que se diria irresistível, com suas "prostitutas bonitas", sua ralé anônima e flutuante, seus cães e gatos esquálidos, sua santa imundície, seus restaurantes baratos – nos quais Bandeira privou por muitos anos da companhia de seus amigos mais fraternos, como Jaime Ovalle, Dante Milano e Osvaldo Costa –, e, acima de tudo, suas cúmplices sombras noturnas, às quais deve o poeta a própria possibilidade de sobrevivência e circulação mundana, pois que, durante a longa convalescença a que esteve sujeito, Bandeira só ganhava as ruas ao cair da noite, reservando as manhãs e as tardes ao estudo, às leituras e à poesia. O beco era, assim, a quintessência da liberdade, uma espécie de sucursal terrestre de sua onírica Pasárgada.

E foi neste beco, que ele cantou num enigmático dístico "cheio de elipses mentais", neste beco de "tristezas" e de "perplexidades", de santas e de prostitutas, neste beco submerso em mistério e transfiguração, nascido à sombra de "paredes conventuais", que o poeta sentiu certa noite a terrífica e insólita presença daquele "monstruoso animal" que, como o corvo de Poe, não "morreria nunca mais, nem sairia, conquanto não houvesse no aposento nenhum busto de Palas, nem na minhalma, o que é pior, a recordação persistente de alguma extinta Lenora". Mas parece não haver dúvidas de que outras mulheres ali também o perturbaram. E foi na janela de uma delas – talvez a de "corpo magro", "esquizoide" e "leptossômica", a quem pedira ele que lhe propiciasse aos sentidos "atônitos":

O trauma, o estupor, o decúbito! –,

que o poeta, ao invés de um limão verde, atirou o "céu aberto" de sua eterna e travessa meninice.

Essa presença da cidade pode ser percebida ainda, direta ou indiretamente, em vários outros poemas, excluindo-se aqueles em que o autor se refere a Petrópolis e Teresópolis. Mas é do Rio que ele nos fala em "Noturno da Parada Amorim", "Poema tirado de uma notícia de jornal", "Macumba do pai Zusé", "Noturno da rua da Lapa", "O bicho", "Lua nova", "Tragédia brasileira", "Pensão familiar", "Poemas para Jayme Ovalle", "Rondó do Palace Hotel", "O desmemoriado de Vigário Geral", "A realidade e a imagem" e "Rio de Janeiro", incluído em seu último livro, *Estrela da tarde*, cujas duas primeiras estrofes nos dizem:

> Louvo o padre, louvo o Filho
> E louvo o Espírito Santo.
> Louvado Deus, louvo o Santo
> De quem este Rio é filho.
> Louvo o Santo padroeiro
> – Bravo São Sebastião –
> Que num dia de janeiro
> Lhe deu santa defensão.
>
> Louvo a cidade nascida
> No morro Cara de Cão,
> Logo depois transferida

> Para o Castelo, e de então
> Descendo as faldas do outeiro,
> Avultando em arredores,
> Subindo a morros maiores,
> – Grande Rio de Janeiro!

Claro está que o poema, quase uma peça de circunstância, não possui a densidade lírica ou a emoção rememorativa daqueles em que o poeta recorda a sua terra natal, "Evocação do Recife" e "Profundamente", como tampouco a mestria técnica ou o timbre lancinante dos que escreveu sobre o beco. Mas diz bem do afeto e da gratidão que Bandeira devotava ao Rio de Janeiro, em particular à Lapa e ao Curvelo.

É preciso que se diga ainda que o autor deve à cidade não apenas o cenário desses poemas, mas também o palco em que transcorreu a sua vida intelectual e profissional. É no Rio que ele se reúne, em 1921, com Ronald de Carvalho e Mário de Andrade para acertar a sua participação na Semana de Arte Moderna, o que no ano seguinte o levou a São Paulo para encontrar-se com os outros líderes do movimento modernista. É também no Rio que, em 1925, inicia a sua colaboração como articulista no jornal *A Noite*, recebendo aí o primeiro dinheiro ganho com literatura: cinquenta mil-réis por semana. Colaboraria também, ao longo dos anos, n'*A Ideia Ilustrada*, *Ariel*, *A Manhã*, *Jornal de Letras* e *Jornal do Brasil*, ora como cronista, ora como crítico literário e musical. É ainda no Rio que publica seus primeiros volumes de poesia, como de resto toda a sua obra literária. Sempre no Rio, é nomeado em 1935 inspetor do ensino secundário pelo ministro Gustavo Capanema, que reuniu em torno de si, no Ministério da Educação e Cultura, uma plêiade de artistas e intelectuais. O mesmo Capanema o nomearia, em 1938, professor de literatura do Colégio Pedro II e membro do Conselho Consultivo do Departamento do Patrimônio Histórico e Artístico Nacional.

Em 1940, incentivado por Ribeiro Couto, Múcio Leão e Cassiano Ricardo, decide candidatar-se a uma vaga na Academia Brasileira de Letras, sendo eleito em agosto daquele ano, no primeiro escrutínio, com 21 votos, para a cadeira nº 15, antes ocupada pelo poeta Amadeu Amaral e cujo patrono é Gonçalves Dias. Uma cadeira de poetas, já que a ela pertenceram também Olavo Bilac, Guilherme de Almeida e Odylo Costa, filho. Toma posse em 30 de novembro, quando é saudado por Ribeiro Couto, na única ocasião em que o poeta envergou o fardão acadêmico, que considerava algo ridículo. Eleito membro da Sociedade Felipe d'Oliveira em 1942, nesse mesmo ano Bandeira muda-se mais uma vez: agora para o edifício Maximus, no Flamengo. No ano seguinte deixa o Colégio Pedro II e é nomeado professor de literatura hispano-americana na Faculdade Nacional de Filosofia, cargo no qual se aposenta compulsoriamente em 1956.

Muda-se outra vez em 1944. Seu endereço é agora o edifício São Miguel, na avenida Beira-Mar, 406, apartamento 409, de onde sairá em 1953 para o apartamento 806, sua moradia definitiva. Diz ele no poema "Lua nova":

Meu novo quarto
Virado para o nascente:
Meu quarto, de novo a cavaleiro da entrada da barra.

Depois de dez anos de pátio
Volto a tomar conhecimento da aurora.
Volto a banhar meus olhos no mênstruo incruento das madrugadas.

Todas as manhãs o aeroporto em frente me dá lições de partir.

Em 1966, graças a um requerimento da deputada Adalgisa Nery, a Assembleia Legislativa do Estado da Guanabara confere-lhe afinal o título de cidadão carioca. Bandeira só deixará o seu último domicílio quando, com graves problemas de saúde, transfere-se, no fim de 1967, para o apartamento de sua amiga Maria de Lourdes Heitor de Sousa, na rua Aires Saldanha, em Copacabana. Morre em 13 de outubro do ano seguinte no Hospital Samaritano, sendo sepultado no mausoléu da Academia Brasileira de Letras.

Teria sido Manuel Bandeira o poeta que foi sem a experiência pessoal dos 72 anos que viveu no Rio de Janeiro? Provavelmente, não. Mas a resposta a essa pergunta de certa forma jamais será dada. Talvez viesse a ser um outro poeta, um poeta igualmente imenso, mas não o poeta que foi. Como já dissemos, Bandeira encontrou aqui condições altamente propícias à sua formação intelectual, cultivou amizades excepcionais e duradouras e participou, ainda que um pouco a distância, do mais vigoroso movimento literário brasileiro do século passado, o movimento que revolucionou todas as vertentes artísticas do país, conferindo-lhes um caráter de inequívoca nacionalidade que libertou nossa literatura do espartilho dos modelos europeus, conquanto deles, de algum modo, continuasse a se nutrir. E Bandeira, assim como seu grande amigo e extraordinário poeta Dante Milano, também de sólida formação clássica, soube perceber, logo após a balbúrdia da Semana de Arte Moderna realizada em São Paulo, onde e como o Modernismo se enganara, tornando-se desde cedo um movimento datado em sua estridência nacionalista e seu vanguardismo autofágico. Muito mais do que modernista, Bandeira era moderno antes mesmo da modernidade, como o seriam os grandes poetas brasileiros que estrearam durante a década de 1930: Carlos Drummond de Andrade, Murilo Mendes, Vinicius de Moraes e Cecília Meireles, esta última aqui incluída porque repudiou publicamente tudo o que publicara na década anterior. Esses poetas, que não eram paulistas e viviam no Rio de Janeiro, puderam meditar melhor e mais pessoalmente sobre os descaminhos do Modernismo, já que não os tolhia nenhum compromisso de escola ou de doutrina estética assumido com o grupo de São Paulo. E foi o Rio que lhes proporcionou essa margem de manobra.

Se tivesse permanecido em Recife – muito embora a vinda para o Rio não tenha sido propriamente decisão sua, mas da família –, Bandeira talvez se tornasse um poeta provinciano ou, como ele próprio humildemente se classificou, um poeta menor. Ao contrário, por viver na capital, acabou por tornar-se um poeta tipicamente urbano. A doença, Clavadel e o Rio de Janeiro – eis a tríade sobre a qual se constituiu a austera, estoica e melancólica poética bandeiriana. A rigor, o Modernismo lhe deu pouco, pois, quando aderiu ao movimento, o poeta da *Lira dos cinquent'anos* já estava pronto, senhor de todos os segredos e mistérios da arte do verso. É bem verdade que o Modernismo lhe franqueou e legitimou o uso do verso livre, mas há muito o autor já conhecia (e esgotara) os recursos da polimetria praticada por Verhaeren, Guérin e Charles Cros. Em que pese a importância dos processos do subconsciente e da memória afetiva que o conduziam amiúde de volta à infância passada no Recife, foi no Rio que o poeta viveu, amou, refinou sua sensibilidade, fez amigos e construiu a sua obra imortal, essa obra que deve muito (ou quase tudo) ao menino que nunca morreu dentro dele, embora fizesse versos "como quem morre". Em um de seus poemas mais conhecidos e viscerais, "Velha chácara", escrito pouco após a visita que fez ao lugar onde residira em Laranjeiras, o poeta recorda esse menino que "não quer morrer" e que "não morrerá senão comigo":

A casa era por aqui...
Onde? Procuro-a e não acho.
Ouço uma voz que esqueci:
É a voz deste mesmo riacho,

REFLEXOS DO SOL-POSTO

(...)

A usura fez tábua rasa
Da velha chácara triste.
Não existe mais a casa...

– Mas o menino ainda existe.

2011

As estações da vida

SE ME PEDISSEM PARA IDENTIFICAR a família ficcional a que pertence *As quatro estações*, de José Maria Rodrigues da Silva, eu me arriscaria a dizer que se trata, acima de tudo, de um romance da solidariedade, moeda pouco corrente entre nós numa época de despudorado hedonismo e furiosa glorificação egoística, para não falar de outras tantas e graves mazelas que lhe devoram as mais recônditas entranhas, como seria o caso, por exemplo, do voraz consumismo contemporâneo. Claro está que afloram na obra em pauta inegáveis traços daquilo que costumamos definir como romance de formação, mas faltam-lhe, para que assim seja considerada, aqueles dados de minudência autobiográfica que nos remetem à infância e à adolescência do autor, às suas primeiras letras, suas experiências pessoais mais remotas, suas leituras e influências, sua vida familiar – enfim, sua meticulosa constituição como intelectual. Esses traços existem, sem dúvida, mas não na medida em que possam configurar aquela vertente literária que se inicia com Goethe e Gottfried Keller, e depois se expande com Romain Rolland, Somerset Maugham e Thomas Mann.

Narrado na primeira pessoa, o romance poderia mergulhar no lamuriento confessionalismo subjetivo que costuma entranhar certas obras do gênero. Mas não é bem isso o que acontece, já que o autor, embora centrado em si mesmo, mostra-se muito mais preocupado com os outros do que consigo próprio, e aqui é que radica o afã de solidariedade a que nos referimos. Dividido em cinco partes, ou outras tantas estações (esclareça-se que o inverno se repete ao final da narrativa), o romance principia com a morte da mãe do autor, que lhe deixa uma opulenta herança em dinheiro, ações de mercado e propriedades. Livre, afinal, de um pai tirânico e autoritário e de parentes que o cumulam apenas com as flores da hipocrisia, torna-se ele milionário da noite para o dia, o que lhe permitirá, sem grandes atropelos, consagrar-se aos três cruciais objetivos que se impôs: escrever, descobrir o mundo e encontrar o sentido da vida. Este é o inverno que abre *As quatro estações*: "Durante mais de quarenta anos vivera no inverno. Como seria a primavera?" – pergunta-se o narrador.

A primavera poderia marcar o início do itinerário graças ao qual ele imaginara refazer os passos dos grandes navegadores portugueses dos séculos XV e XVI, o que de fato pouco depois irá cumprir quando perambula por Goa, Macau, Malaca, Ceilão, Cingapura, Birmânia, Hong Kong, Nagasaki e Tanegashima, no Japão, e finalmente por diversas cidades brasileiras. Mas antes disso algo se interpõe: resgatar, a peso de ouro, o menino de olhar esgazeado cuja fotografia vira nas páginas do *Diário de Notícias* de Lisboa após um atentado terrorista em Bagdá. "Mas a fotografia que vira no *Diário de Notícias* e, mediado por ele, o olhar pungente daquele menino a fitar os pais mortos no chão de cascalho, mudara tudo." E é assim que, antes das sonhadas viagens ao Oriente português, ele embarca para Damasco e, daí, para a conflagrada capital do Iraque, onde, mediante o pagamento de uma recompensa de 500 mil euros a alguns intermediários de confiança, consegue resgatar o menino Ali e sua companheira Fátima, que logo depois serão enviados a Londres para que ali recebam, custeada pelo narrador, a educação formal que lhes compete. E lá viverão até a morte de seu benfeitor, longe do terror e das bombas do Al Qaeda.

Não importa muito neste breve prefácio, pois equivaleria a privar os leitores do prazer da leitura que lhes reserva a narrativa, antecipar as muitas peripécias amorosas vividas pelo autor no Oriente, bem como suas temerárias (e nem sempre bem-sucedidas) operações de solidariedade para com as criaturas desvalidas, o que virá a comprometer-lhe seriamente a saúde financeira, levando-o, no fim da vida, a desfazer-se de seus últimos bens e a ficar somente com os recursos capazes de lhe garantir certa dignidade na velhice, que ele passa na ilha de Faial, nos Açores, em companhia de sua devotada Io Weng, irmã da inesquecível amada chinesa Lin, vítima fatal de um ataque terrorista em Malaca. Mas aqui não se pode esquecer sua última proeza humanitária: a da criação, na antiga Mértola, de uma fundação dedicada a ajudar os idosos que estão a suicidar-se no Alentejo, a partir da argumentação (justíssima, aliás) de que "revolta-me que no século XXI, no milênio que se ufana de respeitar a diferença – no século em que todos os excluídos, incluindo os homossexuais, os transexuais, as prostitutas e os chulos, são defendidos senão reverenciados, só os velhos sejam marginalizados". E o são não apenas em Portugal, mas, porque inúteis e dispendiosos, em toda a Europa, como ocorreu na França em recente e violento verão durante o qual os idosos foram abandonados em casa pelas famílias em férias.

Importa, isto sim, neste insólito romance, a visão de mundo do autor, que nos adverte de que agora "só há direitos, não há deveres", porque o que pertence à esfera do coletivo "foi pulverizado e substituído pela realização pessoal hedonista", engendrando uma espécie de Narciso "que se apaixona pela sua imagem que vê reflectida na água e se absorve no amor de si próprio", e que é, para diversos sociólogos, "a figura mítica que melhor simboliza o homem pós-moderno". Os anos que viveu em Goa, Macau e Malaca ensinaram-lhe que "a submissão do individual às regras racionais colectivas era um ideal que tinha como corolário o dever de as cumprir". E esse ideal continua vivo no Oriente. Muito distante do feroz individualismo contemporâneo, o "grande herói da gesta portuguesa foi o povo português, um povo humilde, de pouco mais de dois milhões de almas", e foi esse povo, "moderno antes da chegada da modernidade, que realizou a primeira globalização da História unindo o que os oceanos separavam e fazendo deles caminhos de encontro e não factores de isolamento". Muito embora seja, antes de tudo, uma aguda análise da sociedade portuguesa contemporânea, *As quatro estações* constitui, também, uma dolorosa reflexão sobre a atual realidade europeia.

E eis-nos de volta ao inverno, aos últimos dias da existência do narrador. "Fico só: um velho sentado à varanda. O entre o rio e o mar fica só água, só rio e mar e, mais longe, só mar sem fundo" – o imenso e tormentoso mar de Camões e de Pessoa, o mar que viu Ulisses fundar a lendária Olisipo. Essa imagem do velho sozinho à varanda nos remete de imediato àquele decrépito (e a um só tempo sublime) Gerontion de T.S. Eliot: "Eis-me aqui, um velho em tempo de seca. / Um jovem lê para mim, enquanto espero a chuva." Um velho. "Pensamentos de um cérebro seco numa estação seca." De um cérebro que morre sem respostas. "O que é o ser? O que é o tempo?" Ao final, confessa-nos o autor que, embora não tenha descoberto de todo o sentido da vida, pois a que ele viveu foi apenas "uma parte" desse sentido, estaria mais próximo daquela divisa atribuída a Santa Teresa de Ávila: "Viver toda a sua vida, amar todo o seu amor, morrer toda a sua morte." José Maria Rodrigues da Silva conclui o seu romance com a lição de que Portugal e a própria Europa somente sobreviverão se renunciarem ao individualismo hedonista e pensarem um pouco mais na reconstrução da comunidade, o que desde já inscreve o autor na ilustre galeria dos humanistas da Renascença.

2011

Antonio Carlos Secchin:
EXATO E NUMEROSO[6]

PODEMOS LEMBRAR Antonio Carlos Secchin de diversas maneiras: o professor, titular da cátedra de Literatura Brasileira da Faculdade de Letras da UFRJ, que agora se retira após quarenta anos de profícuo magistério; o acadêmico exemplar, que durante quatro anos se manteve à frente da Comissão de Publicações da Academia Brasileira de Letras; o infatigável e obsessivo bibliófilo, autor do já clássico e consultadíssimo *Guia dos sebos*; o primeiro editor executivo da revista *Poesia Sempre*, da Fundação Biblioteca Nacional, onde durante muitos anos trabalhamos juntos; o fraterno amigo de mais de vinte anos, por quem tanto me empenhei para que ingressasse na ABL; o crítico literário que muito militou – e ocasionalmente ainda o faz – nos mais importantes veículos de nossa imprensa; o fino e astucioso ensaísta que nos legou, entre outros, o premiadíssimo *João Cabral de Melo Neto: a poesia do menos* e, mais recentemente, *Memórias de um leitor de poesia*; o zeloso

---

[6] Depoimento em *Escritas e escutas*, org. Flávia Amparo e Gilberto Araújo, Rio de Janeiro, 2011.

editor das obras poéticas completas de Carlos Drummond de Andrade, Cecília Meireles, João Cabral de Melo Neto e Ferreira Gullar; o aplaudido conferencista, que levou nossa literatura a ser mais conhecida em cidades da França, de Portugal, do México e dos Estados Unidos; ou ainda o exímio *gourmet* que sempre nos surpreende com suas iguarias. E mais não digo para que não me caiba aqui a acusação de inventariante, quando, a bem da verdade, fui convidado a prestar um depoimento no qual, acima de tudo, gostaria de recordar o poeta que nele desde sempre existiu para além de toda a sua assídua e numerosa atividade literária, exatamente como o fiz, aliás, quando tive a honra de recebê-lo na Academia Brasileira de Letras em agosto de 2004.

É sobre esse poeta – sem o concurso do qual jamais subsistiriam o crítico e o ensaísta que nele coabitam – que pretendo me deter um pouco ao longo deste depoimento. Já o fiz, aliás, em 1997, no Centro Cultural de São Paulo, onde pronunciei uma conferência sobre o poeta que ilumina seus textos em prosa e que muito me lembram aquela exigência que nos impunha Baudelaire num dos fragmentos de *Mon coeur mis à nu*: "*Sois toujours poète, même en prose*". Disse eu na ocasião que, por ser até aquela data essencialmente um crítico de poesia, tal condição o inibiria no que toca à arte de escrevê-la. É bem de ver que tal conjectura tem lá o seu grão de verdade, pois o pleno e ininterrupto exercício de suas demais atividades, às quais se acrescentava então a espinhosa e multitudinária responsabilidade que lhe cabia como editor da revista *Poesia*

Sempre, decerto o levaria, como de fato o levou, à fímbria de uma outra exigência, esta de Leonardo da Vinci, quando aludia ao *ostinato rigore* com que deve proceder o artista em tudo o que faz. E esse rigor, se não inibe, sem dúvida concorre para que qualquer escritor só dê à estampa o que julga digno de si e de sua pena.

Muito embora o que acabamos de dizer contribua para caracterizar a escassez de uma poesia do pouco, como então a batizei glosando aquilo que Secchin definia como "a poesia do menos" no que respeita à severa arquitetura verbal de João Cabral de Melo Neto, pareceu-me que o fio da meada principiava com o seu próprio comportamento de autor, que se ocultava, de todo arredio às efêmeras glorietas literárias, sob o manto de uma quase paradoxal e extrema sociabilidade mundana. É que, num dos poemas de seu segundo livro, *Elementos*, que absorve a poesia do primeiro, *Ária de estação*, "revisitada e diminuída", como a corroborar aquela tendência ao menos e ao pouco a que já nos referimos, encontramos estes versos: "Na sonância do que vive, / minha fala é resistência, / e dizer é corroer o que se esquiva." Comportamento idêntico é o que se vê nas últimas linhas da estranha novela metapoética *Movimento*, onde ele confessa: "Coloco uma folha na máquina. Penso no que vou escrever. Por alguns segundos fico indeciso. É preciso contar. Meu corpo treme de frio, o papel parece aumentar seu limite em branco nas minhas mãos. Mas eu resisto." Resiste, claro está, como resistia Mallarmé quando escreveu o célebre verso: "*Sur le vide papier que la blancheur défend.*" De tanto lidar com as palavras, Secchin passou a duvidar delas. Por isso mesmo, ainda em *Elementos*, alude à "língua iludida da linguagem", pois o que pretendia era aquilo que se situava "aquém do nome, / movendo a voz que se / publica enquanto cala". É tanta a sua pudicícia diante da sacralidade do verbo poético que ele chega a nos pedir: "me emudece para o jogo desse dia, / resgata em prosa o que eu perco em poesia." Sua metalinguagem está crivada de versos que comprovam à saciedade essa desconfiança quanto à eficácia das palavras, tema com que T.S. Eliot, aliás, conclui o último movimento do primeiro de seus *Four Quartets*. Sem incidirmos aqui em nenhuma estapafúrdia ou abstrusa comparação, o que lemos em Secchin é, *mutatis mutandis*, quase o mesmo, sobretudo quando diz: "enquanto na garganta do meu canto / um sol solene me assassina." Ou quando, desolado, confessa:

> O que faço, o que desmonto,
> são imagens corroídas,
> ruínas de linguagem,
> vozes avaras e mentidas.
> O que eu calo e que não digo
> entrelaçam meu percurso.
> Respiro o espaço
> fraturado pela fala
> e me deponho, inverso,
> no subsolo do discurso.

É claro que, ao *"purifier les mots de la tribu"*, qualquer poeta – e o próprio Mallarmé é o exemplo supremo dessa escassez no que toca ao volume da obra poética – tende não apenas à concisão de tudo o que escreveu, mas até mesmo à redução daquilo que se entende como o *corpus* poético de sua produção. A rigor, o exemplário vem desde Leopardi, cujos *Canti* somam apenas quarenta poemas. O conjunto de *Les fleurs du mal*, de Baudelaire, totaliza somente 167 poemas, e nele está tudo o que o autor escreveu em verso, se aqui desprezarmos sua irrelevante *Juvenília*. E é pequena, também, a obra poética de Valéry, o mais ilustre dos discípulos de Mallarmé. Pequena, entre nós, é a obra fundamental de Dante Milano, que morreu aos 91 anos de idade e nos deixou uma exígua produção de 141 poemas. Esse Dante Milano que Drummond, ao fim da vida, considerava o maior dentre todos os poetas brasileiros do século passado. E se os cito aqui, é porque todos encarnam essa poética do pouco, que teria a coroá-la aquele juízo do poeta expressionista alemão Gottfried Benn, segundo quem o que de fato permanece para sempre de cada grande poeta não chega a oito ou dez poemas dignos desse nome.

Não quero dizer com isto que esse reducionismo seja, necessariamente, sinônimo de qualidade estética: pode-se escrever pouco e, ainda assim, escrever mal. O que quero dizer é que, quando se trata de um grande e verdadeiro poeta, essa avarícia equivalerá, quase inevitavelmente, a um salutar exercício de concentração intelectual que tende a expurgar o que não presta. E é isto o que vemos desde o primeiro livro do autor, onde já se lê muita poesia que merece esse nome, sobretudo, por exemplo, no poema que dedica a João Cabral de Melo Neto e naquele que leva o título de "Onde este fardo molhava", cujos versos aparecem algo modificados (vale dizer: reduzidos) em *Elementos*. Não resisto aqui, muito a propósito, a transcrever os esplêndidos versos de sabor camoniano que abrem a terceira parte desse poema que nos recorda também certa ambiência que Jorge de Lima criou na *Invenção de Orfeu*:

> E olhamos a ilha assinalada
> pelo gosto de abril que o mar trazia
> e galgamos nosso sono sobre a areia
>
> num barco só de vento e maresia.
> Depois, foi a terra. E na terra construída
> erguemos nosso tempo de água e de partida.
>
> Sonoras gaivotas a domar luzes bravias
> em nós recriam a matéria de seu canto,
> e nessas asas se esparrama nossa glória,
>
> de um amor anterior a todo estio,
> de um amor anterior a toda história.

Dizem alguns que a poesia de Secchin paga tributo à sintaxe desértica de João Cabral. Por mais que essa dívida fosse algo previsível, já que ele mergulhou mais fundo do que ninguém nas vísceras do verso cabralino, não vemos dela qualquer indício em seus poemas, já que o autor soube manter-se incólume ao jugo dessa influência, à qual, diga-se logo, sucumbiram incontáveis epígonos do autor de *Uma faca só lâmina*. É que não se deve confundir a poesia do menos com a poética do pouco, muito embora sejam ambas quase tangenciais. E mais: há que se entender que os processos verbais de João Cabral e de Secchin são inteiramente distintos. A poesia daquele primeiro é essencialmente visual e guarda poucas relações com aquilo que poderíamos definir como a música da língua, com essa melopeia que nos vem desde Camões e Sá de Miranda e que entranha boa parte dos versos de seu intérprete, nos quais a todo instante aflora a chamada índole da língua, como o vemos, de forma cabal, na primeira estrofe do poema "Vou armar as margens dessas lendas", na qual se lê:

> Vou armar as margens dessas lendas
> alugadas pela garra da alegria.
> Sobre o cimo de uma voz zombada
> avisto o nada, e meu avesso me recria.

E surpreende até que assim o seja, pois quem frequenta a poesia de João Cabral – ou, mais grave ainda, quem a estuda a fundo, como o fez o autor de *Elementos* –, conhece como ninguém o seu fundo e insidioso poder de contaminação estilística. Conviver com essa poesia, sobretudo quando se é poeta, é como anular-se na fímbria de um sortilégio que se quer impor e imprimir seu estigma sobre tudo o que porventura medre ao seu redor. Penso que todos nós já corremos esse risco, e alguns foram por ele devorados. Estranhamente, Secchin não o foi. E é possível, neste caso, que nos deva uma explicação. De nossa parte, arriscamos aqui um paradoxo: talvez justamente por conviver à exaustão com a poesia de João Cabral é que ele pôde se furtar ao seu traiçoeiro fascínio.

Depois de *Ária de estação* e de *Elementos*, Secchin somente retorna à poesia publicada em 1988, e, ainda assim, de raspão. Ou *en passant*, como sugere o título de uma plaquete que lhe reuniu apenas oito poemas e que leva o título de *Diga-se de passagem*. É bem de ver aí sua preocupação metalinguística, já que quatro desses oito poemas de algum modo a ilustram, conquanto em dois deles, "Notícia do poeta" e "Remorso", predominem antes o humor e o sarcasmo antiparnasianos, como naquele segundo, onde se lê: "A poesia está morta. / Discretamente, Alberto de Oliveira volta ao local do crime." Interessa-nos mais de perto, entretanto, o primeiro poema do livro: "Biografia". É que sua primeira estrofe proclama uma poética que jamais poderia ser endossada pela *raison raisonante* que preside a poesia de João Cabral de Melo Neto:

> O poema vai nascendo
> num passo que desafia:
> numa hora eu já o levo,
> outra vez ele me guia.

No processo cabralino, o que se percebe é a mão tenaz e dominadora do poeta, de modo que o poema jamais o guia, sendo antes por ele controlado e mesmo subjugado. É claro que sobre esse assunto de precedências caberia aqui toda uma discussão que este breve depoimento não comporta. O que quero deixar claro, mais uma vez, é que, embora haja analisado com rara acuidade a poética de João Cabral, é outra a matriz a partir da qual se articula o processo poético de Secchin, tal como o vemos, ainda em *Diga-se de passagem*, num belo poema veladamente metalinguístico que tem como título "Cintilações do mal", cujas duas primeiras estrofes tomo aqui a liberdade de citar:

> Cintilações do mal. Precipício de poemas,
> travessia para um sol que vem de longe.
> Minha sombra aparecendo na calçada
> repentina feito a mão de um monge.
>
> Enroladas nos panos da cama,
> na malícia de serpente e lã,
> dormem as mulheres que não tive
> na delícia vermelha da maçã.

Vejam bem que, neste caso, o tom seria antes bandeiriano do que cabralino. Ou mesmo eliotiano, se nos lembrarmos daqueles "Preludes" que constam de *Prufrock and Other Observations*. E isso atesta aquilo que costumo chamar de boa formação poética. Em outras palavras: quanto mais influências ou pontos de tangência, tanto melhor para a saúde literária de qualquer autor.

Os poemas até então inéditos que, juntamente com os que já se encontravam publicados, o autor reuniu em *Todos os ventos* confirmam todas as suas anteriores virtudes, além de acrescentar-lhes outras. Assim, paralelamente ao domínio cabal da língua e da linguagem poética, assiste-se ao seu amadurecimento como artista, essa maturidade que não se deve apenas a uma conquista do espírito e da alma, mas também a uma refinada educação sentimental, como nos sugere o romance de Gustave Flaubert. Percebe-se nesses poemas que Secchin renunciou a qualquer artifício verbal ou pompa estilística, o que os leva àquela difícil comunhão entre o quê e o como da expressão poética. Não há neles nem sobras nem arestas: são apenas exatos, como exatas são a vida e a morte. Sua música weberiana já não mais recorre àqueles traiçoeiros e amiúde fáceis artifícios da paronomásia ou da aliteração. Nota-se ainda que a poesia do autor se avizinha cada vez mais daquela concepção wordsworthiana segundo a qual o fenômeno poético poderia ser entendido como uma "*emotion recollected in tranquility*". É pelo menos isto o que comprovam dois dos "Dez sonetos da circunstância", cuja pompa é nenhuma e cuja poesia é absoluta. Assinale-se em ambos o misterioso estigma de um tempo que passou e deixou suas marcas, essas marcas que devem aqui ser compreendidas como uma "busca do tempo perdido", na qual o ser humano se redescobre porque alcança a dimensão estética do tempo, como no ápice do romance proustiano. Nesse sentido, é exemplar o primeiro quarteto do soneto "O menino se admira", no qual se lê:

> O menino se admira no retrato
> e vê-se velho ao ver-se novo na moldura.
> É que o tempo, com seu fio mais delgado,
> no rosto em branco já bordou sua nervura.

Há também nesses poemas uma vertente a que Secchin jamais renunciou: a do humor. Se é verdade que ela aflora mais intensamente em seus ensaios críticos, nem por isso podemos desconsiderar sua existência desde os primeiros textos poéticos que escreveu o autor. Essa "rebelião do espírito contra a miséria da nossa condição", como escreveu certa vez Aníbal Machado a propósito do humor, faz-se visível em dois de seus últimos poemas: aquele em que explora um breve episódio das peregrinações azevedianas, quando o grande poeta romântico cumpre certa visita no Catumbi; e um outro em que Secchin confessa não poder se dar "em espetáculo", pois "a plateia toda fugiria / antes mesmo do segundo ato". Não bastasse essa fuga, ele teria ainda contra si um crítico que, "maldizendo a sua sina / rosnaria feroz / contra a minha verve / sibilina". Mas é antes fina do que sibilina a verve com que o autor descreve a tal visita de Álvares de Azevedo naquele primeiro poema, cujos últimos versos dizem:

> Ao sair, deixa de lembrança
> ao sono cego do parceiro
> dois poemas, um cachimbo e um estilo.

Sim, um estilo. E eis aqui uma das chaves, senão a principal, para que possamos entender não apenas a sua poesia, mas também a sua prosa e o seu ensaísmo. Esse estilo austero e de poucas palavras que não se pode dissociar daquele que ilumina seus textos ensaísticos, nos quais, como sublinha Antônio Houaiss, "há um lastro preciso de elegâncias (na linguagem, nas imagens, no encaminhamento das ideias, no respeito ao leitor, no pudor para com os criticados)". Esse estilo, remata ainda Sérgio Paulo Rouanet, é que "mantém uma misteriosa afinidade" com a "matéria poética que trabalha". Refiro-me aqui a tais circunstâncias porque é amiúde importante, para compreendermos a poesia de determinados autores, que lhe examinemos mais de perto a prosa estético-doutrinária que nos legaram. É isso, por exemplo, o que acontece com Horácio, Boileau, Coleridge, Baudelaire, Valéry, Eliot, Leopardi, Paz, Borges e tantos outros cuja crítica literária tem a iluminá-la a condição de poetas que sempre foram. E mais crucial ainda do que todas essas ponderações que faço aqui para compreender melhor o seu estro poético seja talvez esmiuçar-lhe o próprio pensamento doutrinário a respeito do assunto, ou seja, o que nele se entende por poesia.

No ensaio "Poesia e desordem", que abre sua coletânea homônima de escritos sobre poesia e alguma prosa, diz Secchin que "a poesia não pretende ser o espelho do caos, hipótese em que, ausente qualquer padrão de reconhecimento, tudo, isto é, nada, seria poético". É ainda nesse ensaio que ele nos esclarece quanto à sua própria concepção do fenômeno poético quando sustenta que "a poesia representa a fulguração da desordem, o 'mau caminho' do bom senso, o sangramento inestancável do corpo da linguagem, não prometendo nada além de rituais para Deus nenhum". Ou seja, o ato poético, como o entende o autor, seria uma espécie de "desordem sob controle". E argumenta que, nessa perspectiva, "a poesia poderia ser também encarada como uma espécie de grande metáfora da língua, um discurso que, simulando ser a imagem do outro, já que dele utiliza as palavras e a sintaxe, acaba produzindo objetos que desregulam o modo operacional e previsível da matriz". E como que para confirmar essa atitude exegética afirma Secchin ao cabo do segundo ensaio do volume: "Por isso, desconfio da crítica que escamoteia, por pudor epistemológico, sua condição de navegante à deriva do texto, na busca infatigável da invenção do sentido."

Temos aqui, efetivamente, o tipo de poeta que ele é ou, na pior das hipóteses, o que sua escolha estética nos leva a crer que seja: um poeta de poetas e um crítico de poetas. E não apenas sua poesia como também sua prosa o atestam. E há nessa mesma poesia um dado que talvez a explique melhor. Aludo aqui a uma breve e concisa inscrição a partir da qual se articula sua meditação pré-socrática sobre aqueles quatro elementos que serviram de base à especulação filosófica dos primeiros pensadores daquela colônia grega de Mileto, na Ásia Menor:

> O real é miragem consentida,
> engrenagem da voragem,
> língua iludida da linguagem
> contra a sombra que não peço.
> O real é meu excesso.

É graças a esta inscrição, verdadeira declaração de princípios poéticos, que se pode começar a entender o pensamento do autor, sempre avesso à evanescência da música simbolista ou à fantasmagoria da ilusão romântica. Sua preocupação é antes com a palavra concreta, e não com o vazio de um "signo precário". Em certa medida, ele reage contra aquele esforço no sentido de dizer o indizível que caracteriza quase toda a poesia rilkiana. E não creio que assim o seja apenas por influência da dura e áspera sintaxe cabralina, mas por algo que nele já preexistia, quer como crença estética, quer mesmo como desígnio poético, ao seu monumental estudo sobre João Cabral de Melo Neto. É que supomos que essa aproximação com a poesia do autor de *Pedra do sono* resultaria antes de uma goethiana afinidade eletiva. A mesma, por exemplo, que levou Baudelaire a difundir na França o *Poetic Principle* de Edgar Allan Poe e a traduzir-lhe quase toda a obra ficcional. E no que toca a essa obsessão pela visibilidade concreta do signo poético ou à sua desconfiança com relação a tudo o que não seja emocionalmente tangível, se aqui não me derem ouvidos, não os façam moucos ao que Secchin escreve no primeiro poema de *Elementos*:

Palavra,
nave da navalha,
gume da gaiola,
ave do visível.

Ao fim deste breve depoimento, gostaria de dizer ainda algumas poucas palavras sobre *Todos os ventos*, volume em que o autor reuniu toda a sua poesia, pois é nele que melhor se pode observar a cristalização de todos esses processos estilísticos e verbais a que já aludi, como o atestam, muito particularmente, aqueles modelares "Dez sonetos da circunstância". E se digo modelares, faço-o apenas porque neles não se percebem aquelas fraturas e fissuras que nos levam às vezes a concluir que se rompeu a indissolúvel comunhão entre forma e fundo, como se vê amiúde nos poemas dos autores que não alcançaram ainda a sua maturidade. Nesses sonetos, ao contrário, vemos confirmada aquela concepção de que forma e fundo são uma coisa só, tamanho e tão íntimo se revela o matrimônio entre o que se quis dizer e o que efetivamente se disse. É de tal modo austera e solene a sua linguagem que, no prefácio ao livro, Eduardo Portella nos assegura que nele estão "todos os ventos e nenhum vendaval", exceto "a serena percepção do precipício, esse núcleo tenso e intenso que promove a dispersão e a coesão". Outro ilustre acadêmico e astucioso crítico literário, Alfredo Bosi, sustenta que, em *Todos os ventos*, Secchin logrou "alcançar o nível raro da expressão singular, forte e desempenada", e logo em seguida se refere aos "belos sonetos ingleses" de que há pouco me ocupei.

Para concluir estas poucas palavras, reservo-me aqui, por uma questão de estima pessoal, o direito de escolher apenas um desses dez soberbos sonetos, aquele que me dedica o autor e que leva o título de "À noite o giro cego". Nele diz o poeta e amigo de todas as horas:

> À noite o giro cego das estrelas,
> errante arquitetura do vazio,
> desperta no meu sonho a dor distante
> de um mundo todo negro e todo frio.
>
> Em vão levanto a mão, e o pesadelo
> de um cosmo conspirando contra a vida
> me desterra no meio de um deserto
> onde trancaram a porta de saída.
>
> Em surdina se lançam para o abismo
> nuvens inúteis, ondas bailarinas,
> relâmpagos, promessas e presságios,
>
> sopro vácuo da voz frente à neblina.
> E em meio a nós escorre sorrateira
> a canção da matéria e da ruína.

2011

Augusto Meyer,
"BRUXO"

ENSAÍSTA, POETA, crítico literário, cronista, folclorista, filólogo e memorialista, ocupante da Cadeira 13 da Academia Brasileira de Letras, para a qual foi eleito em 1960, Augusto Meyer nasceu a 24 de janeiro de 1902 em Porto Alegre, de onde sua alma talvez jamais tenha saído. Saiu, sim, o seu espírito, que conosco conviveu aqui no Rio de Janeiro de 1938 até a sua morte, a 10 de julho de 1970. Fez os primeiros estudos na capital gaúcha, mas logo abandonou os cursos regulares para dedicar-se às línguas e à literatura. Em 1935 assumiu a direção da Biblioteca Pública de Porto Alegre, à frente da qual permaneceu até 1938, quando, convidado para dirigir o Instituto Nacional do Livro, transferiu-se para o Rio de Janeiro, onde passou também a colaborar em jornais e revistas, como, entre outros, *Correio da Manhã*, *Diário Carioca*, *O Estado de S. Paulo* e *Correio do Povo*, este último de Porto Alegre. Neles atuou com regularidade desde os anos 40 até pouco antes de sua morte, publicando poemas e ensaios críticos. Ainda durante a época em que viveu em Porto Alegre, participou ativamente do movimento modernista gaúcho e, ao lado de Raul Bopp e Mário Quintana, formou a trindade dos poetas que divulgaram o Modernismo no Rio Grande do Sul, o que conferiu à sua produção um toque de inequívoco regionalismo, muito embora Augusto Meyer tenha sido, acima de tudo, um espírito marcadamente universalista.

Estreou como poeta em 1923 com a coletânea *Ilusão querida*, obra que viria a rejeitar e jamais incluiria em sua poesia completa. Sua verdadeira estreia, três anos depois, foi com *Coração verde*, ao qual se seguiram *Giraluz* (1928), *Duas orações*, desse mesmo ano, *Poemas de Bilu* (1929), *Sorriso interior* (1930) e, afinal, *Poesias* (1957). Filiado de início à doutrinação verde-amarelista, seus versos regionais, de fixação da alma, do temperamento, dos costumes e do folclore gaúchos, já transcendem, no entanto, ao mero apego à terra, transmitindo-nos uma forte nota de fantasia e lirismo que se integra, não propriamente às diretrizes regionalistas sustentadas pelos grupos dos grandes centros, mas antes a uma tradição gaúcha que vinha de longe e que produziu toda uma literatura de raízes e de contaminações dialetais. Despojou-a, todavia, das excentricidades, fundindo o coloquial e o pitoresco com a apreensão culta, inquieta e espiritual do *décor* gaúcho. Mas a grande contribuição de Augusto Meyer à nossa poesia reside nas aventuras do eu lírico de Bilu, personagem poético entranhado pela cultura, o intelectualismo e o instinto que às vezes nos lembra Carlitos, sempre galhofeiro, sarcástico e moleque, a um tempo piegas e amargo, ressentido e comovido. Há em Bilu, simultaneamente, um ser primitivo e outro intelectualizado, razão pela qual a poesia do autor reflete essa dualidade antitética, repleta de achados e de humor.

Mais do que o poeta, entretanto, interessa-me aqui recordar o ensaísta, o escritor conciso, sagaz e assimétrico, descendente em linha direta de Montaigne e de outros grandes ensaístas do passado, "o nosso Erasmo", como dele disse Alceu Amoroso Lima, sublinhando ainda sua espantosa erudição e seus traços de "humanista incomparável". Há nele, como observa Tânia Carvalhal, uma de suas mais lúcidas intérpretes, uma fluidez de pensamento e palavra, um ritmo de frase obtido pelo uso de uma pontuação expressiva, uma rara simbiose de crítica e de lirismo que levaram aquele mesmo Amoroso Lima a afirmar que o autor de *A forma secreta* "percorreu o território crítico com a mesma desenvoltura com que sobrevoava o território lírico". Outro grande crítico, Antonio Candido, sustenta que "não é no vulto das obras que devemos buscar a unidade e amplitude de seu espírito, mas na atitude geral, na matriz de sensibilidade e pensamento que informa os ensaios", os quais são como que "afloramentos", ou seja, reflexões agudas e acabadas acerca de determinado tema ou aspecto de um tema ao qual o autor voltará ainda outras vezes. Por isso mesmo, a visão crítica de Augusto Meyer se estrutura aos poucos, renovando perspectivas de análise, aprofundando a indagação, atando pontas extremas e comprovando que a atividade intelectual é um desdobramento contínuo que dilata e relaciona os conhecimentos.

Em bela e bem fundamentada apresentação que escreveu para *Os pêssegos verdes*, coletânea de textos inéditos do autor publicada pela ABL em 2002 para assinalar o centenário de nascimento de Augusto Meyer, Tânia Carvalhal faz uma observação a um tempo curiosa e oportuna: a de que o ensaísta, ao organizar seus livros, "não se preocupava em assegurar a unidade formal aos volumes, pois cada capítulo deles, sendo em si mesmo um todo estruturado, independente do outro, traduzia os interesses e a inquietação intelectual de diversos momentos", o que ratifica aquele juízo de Antonio Candido a que anteriormente aludimos. Os textos que compõem essas coletâneas, quase sempre muito pouco alterados na versão original, provinham da intensa colaboração jornalística que o autor iniciara em meados da década de 1940. E aqui seria proveitoso lembrar que eles apontam, naquela época, para a existência de um público leitor bem formado, com sólidos conhecimentos literários, muito ao contrário do que hoje se vê, quando os próprios suplementos dedicados à literatura se encontram à míngua. Como salienta ainda Tânia Carvalhal, Augusto Meyer jamais subestimava o leitor. Longe disso, diz ela, "julgava-o à altura de seus interesses intelectuais e, sobretudo, sentia-o presente, pois com ele por vezes dialoga".

Em suma: os ensaios de Augusto Meyer constituem valioso documento de um período em que a crítica literária era exercida em sua plenitude, como análise de textos e de questões literárias em profundidade, tendo espaço garantido nos grandes jornais do país. E é desses jornais que provém, quase sem emendas, a matéria-prima de algumas das mais memoráveis coletâneas de nossa ensaística, entre as quais *Machado de Assis* (1935), *Prosa dos pagos* (1943), *À sombra da estante* (1947), *Preto & branco* (1956), *Camões, o bruxo, e outros estudos* (1958), *A chave e a máscara* (1964) e *A forma secreta* (1965). É a partir desses volumes fundadores que o leitor brasileiro passará a conhecer melhor autores tão fundamentais quanto Proust, Pascal, Pirandello, Hegel, Thomas Mann, Dostoievski, Heráclito, Píndaro, Dante, Balzac, Camões, Machado de Assis, Euclides da Cunha e Almeida Garrett, ou artistas do porte de Dürer, Kandinsky e Van Gogh. Augusto Meyer foi, acima de tudo, um leitor exemplar, crítico sagaz, uma raríssima combinação de disciplina e variedade de interesses. E o segredo de sua astúcia exegética parece residir um pouco nesta justa observação que faz Alberto da Costa e Silva no prefácio que escreveu aos *Ensaios escolhidos* de Augusto Meyer, publicados numa edição conjunta da José Olympio e da Academia Brasileira de Letras em 2007: "[Augusto Meyer] Lia, comparando, e comparava, lendo. Os comentários lhe saíam claros e breves. Como claros e, em sua maioria, breves são os textos que nos deixou, limitados pelo espaço de que dispunha nos jornais."

Além dos críticos e ensaístas que já mencionamos, escreveram ainda sobre Augusto Meyer autores tão ilustres quanto, entre outros, João Pinto da Silva, Carlos Dante de Morais, Guilhermino César, Moisés Velinho, Sérgio Milliet, Wilson Martins, Othon Moacyr Garcia, Manuel Bandeira, Péricles Eugênio da Silva Ramos, Carlos Drummond de Andrade, Alfredo Bosi e

Otto Maria Carpeaux. Deste último recordo aqui dois luminosos ensaios: o primeiro, "Resposta à pergunta", em que analisa a percuciente e erudita abordagem de Augusto Meyer às origens e vicissitudes da famosa tópica poética medieval *Ubi sunt qui ante nos in hoc mundo fuere?*, no qual o ensaísta gaúcho indica algumas das fontes dessa melancólica pergunta retórica; e o outro, mais abrangente, sob o título de "O crítico Augusto Meyer", em que, a propósito das exigências que se devem fazer a um bom crítico literário, como segurança de julgamento, ampla informação, gosto apurado, atitude desinteressada, método coerente e uma certa dose de força criadora, observa Carpeaux: "De certa distância, desinteressadamente, estou escrevendo sobre um homem desinteressado. O único interesse constante de Augusto Meyer é '*ce vice impuni, la lecture*'. É homem que sabe ler. Mas não seria esta uma das definições possíveis do crítico literário?" Mais adiante, ao ocupar-se da questão do método de que tanto careciam os nossos críticos até a década de 1940, diz ele que, embora num sentido muito distinto, Augusto Meyer também não o tinha: "Emprega ora este, ora aquele processo de interpretação, obedecendo só e exclusivamente à natureza da obra que pretende interpretar; o método estilístico, o método sociológico (nos seus estudos de literatura gaúcha) e – *last but not least* – o método psicológico."

É justamente a este último que deve Augusto Meyer talvez a sua maior realização como crítico literário: o magistral ensaio sobre Machado de Assis. Mas Carpeaux faz aqui uma advertência: a de que definir o seu método como "psicológico" seria apenas uma maneira de dizer, pois o termo "psicologia", na maior parte das vezes, está associado ao conceito de análise. Diz o autor de *A cinza do Purgatório*: "Mas o *Machado de Assis* de Augusto Meyer não é o resultado de uma análise, e sim produto de uma síntese: o crítico 'criou seu objeto', para empregar um termo da filosofia kantiana. Sua crítica tem força criadora." Essa força que se manifesta no ensaísta quando este é iluminado por um lampejo de poesia, como queria Baudelaire e como depois o disse Alceu Amoroso Lima, segundo quem "todo grande poeta (...) é um grande crítico, ao menos em perspectiva (...), como todo grande crítico é um poeta, ou em perspectiva ou em ação".

Graças a este ensaio fundador de Augusto Meyer é que os leitores passaram a perceber que a "grande sensualidade em Machado de Assis é a das ideias" e que nele havia, por debaixo de diversas máscaras superpostas, aquele "homem subterrâneo" de Dostoievski, esse homem que "fala, fala, fala, mas não sai do lugar, não troca o seu lugarzinho de espectador por nada deste mundo. É incômodo, mas é dele". Como sustenta Augusto Meyer, o mal, no caso do autor de *Dom Casmurro*, "começa com a consciência demasiadamente aguda, pois o excesso de lucidez mata as ilusões indispensáveis à subsistência da vida, que só pode desenvolver-se num clima de inconsciência, a inconsciência da ação". E o verdadeiro drama dessa "consciência doentia" não se resume apenas nisso, já que começa com o vício "da consciência por amor à consciência, da análise por amor à análise". É então que nasce o "homem subterrâneo", esse homem que se move na mente atormentada de Brás Cubas, de Quincas Borba e de Dom Casmurro. Nos romances e contos de Machado de Assis não há nenhuma espécie de ação, mas apenas movimentos concêntricos de introversão que principiam, como acabamos de indicar, com o amor da consciência por si própria.

Outra notável e agudíssima percepção de Augusto Meyer é a que encontramos no capítulo "Da sensualidade", neste mesmo e admirável *Machado de Assis*, essa sensualidade que, para não morrer, assume todas as formas e que, apesar de discreta e às vezes recalcada, atinge amiúde os limites da morbidez, como se pode ver nos capítulos "O penteado", "Os braços" ou "A mão de Sancha", no *Dom Casmurro*, nos quais o pudor da forma "faz pensar numa seminudez provocante". É isso também o que vemos em diversas passagens de *Quincas Borba* e de *Memórias póstumas de Brás Cubas*, assim como nos contos "Trio em lá menor", "Dona Benedita", "Missa do galo" e, sobretudo, "Uns braços", no qual D. Severina, que de severa pouco tinha, beija o menino Inácio em sonho e na realidade, ou, mais precisamente, nesse território ambíguo e fugidio em que por vezes se movem as personagens machadianas.

Como sublinha Augusto Meyer ao analisar o papel da mulher na ficção machadiana, em "quase todos os seus tipos femininos, o momento culminante em que a personalidade se revela é o da transformação da mulher em fêmea, quando vem à tona o animal astuto e lascivo, em plena posse da técnica de seduzir. A dissimulação em todas elas é um encanto a mais.

Ameaça velada, surdina do instinto, sob as sedas, as rendas e as atitudes ajustadas ao figurino social, sentimos que é profunda a sombra do sexo". Lembre-se aqui, por exemplo, essa dissimulada Capitu, na qual subsiste um vertiginoso substrato de amoralidade que tangencia as raias da inocência animal e que, impregnada de desejo e de volúpia, desconhece por completo o que seja o senso da culpa e do pecado. A contrapartida desse comportamento feminino estaria em Flora, de *Esaú e Jacó*, símbolo machadiano da hesitação e da sensualidade das ideias, essa Flora que sucumbe ante a impossibilidade de escolher entre os namorados gêmeos. Flora encarnaria, talvez, aquela "voluptuosidade do nada" que aguarda o "grande lascivo" Brás Cubas ao fim de seu delírio.

Augusto Meyer foi, ainda, renomado folclorista e grande estudioso dos temas especificamente gaúchos, como o atestam, pelo menos, duas de suas obras: *Guia do folclore gaúcho* (1951) e *Cancioneiro gaúcho* (1952). Memorialista aguçado, deu também à estampa dois volumes de reminiscências pessoais: *Segredos de infância* (1949) e *No tempo da flor* (1966). E ocupou-se igualmente, já que lia em várias línguas, de questões ligadas à tradução, à filologia e à dialetologia, bem como do problema das edições críticas, tanto assim que lhe coube, na condição de membro da Comissão Machado de Assis, fixar o texto definitivo de *Quincas Borba*.

Estive pessoalmente com Augusto Meyer apenas duas vezes: quando lhe fui apresentado por nosso amigo comum Hélcio Martins em seu gabinete no Instituto Nacional do Livro;

e depois em sua casa, em Botafogo, levado também por aquele amigo. Falou-me de algumas de suas grandes admirações, em particular Camões e Machado de Assis, dois de seus "bruxos". Mas sabia ouvir como poucos, apesar do ar aparentemente distraído com que nos escutava. Achei engraçado quando me disse que Ezra Pound cometera equívocos grosseiros ao traduzir do latim e do provençal. Espero que essa breve e lacunosa reminiscência sobre o imenso legado de Augusto Meyer à nossa literatura possa reparar um pouco o ralo convívio que, a contragosto, com ele mantive. Ficaram-me seus livros, sua cultura, sua inteligência, sua sabedoria. É quanto basta.

2011

Se eu morresse amanhã

MANUEL ANTÔNIO ÁLVARES DE AZEVEDO nasceu em São Paulo a 12 de setembro de 1831 e morreu no Rio de Janeiro a 25 de abril de 1852, poucos meses antes de completar 21 anos. Foi, portanto, o nosso poeta romântico que mais precocemente deixou o convívio de seus pares, quase todos desaparecidos em tenra idade, como Casimiro de Abreu, aos 21, Junqueira Freire, aos 22, e Castro Alves, aos 24. Pertenciam todos à "escola de morrer cedo", como certa vez observou, a escritora Lygia Fagundes Telles. Ao contrário do que afirmam alguns historiadores de nossa literatura, entre o quais José Veríssimo, Manuel Bandeira e José Guilherme Merquior, Álvares de Azevedo não faleceu vítima da tuberculose, e sim de um abcesso supurado na fossa ilíaca, na verdade uma peritonite, em virtude de uma queda de cavalo. Operado sem clorofórmio por dois médicos italianos no dia 15 de março de 1852, morreu dez dias depois, amparado pelo pai e o irmão, após pronunciar as palavras: "Que fatalidade, meu pai!" Sepultado no hoje já extinto cemitério do Hospício de Pedro II, na Praia Vermelha, seus restos mortais foram trasladados em 1855 para o Cemitério de São João Batista, onde a família mandou erguer o túmulo definitivo do poeta com os cinco contos de réis resultantes da venda dos direitos autorais de suas obras à Editora Garnier, que as publicou pela primeira vez, em três volumes, em 1862.

Álvares de Azevedo pertence à segunda geração romântica, ao lado de Casimiro de Abreu, Junqueira Freire, Fagundes Varela, Aureliano Lessa, Laurindo Rabelo e alguns outros de importância secundária. É a geração em que predomina o sentimento pessimista, a nota do desespero, aquela em que a mágoa dos amores contrariados ou o tédio da vida dão o timbre lúgubre dos versos escritos por poetas portadores de uma "doença moral". Pálidos, macilentos e nervosos, esses poetas trazem para a nossa literatura o amargor irônico e algo satânico de Byron, a melancolia de Musset, a inquietação de Shelley, o pessimismo de Leopardi e Espronceda. A morte é a solução para todas as angústias e frustrações existenciais desses jovens que, à exceção de Fagundes Varela, morrem por volta dos 21 anos, choram por sistema, são infelizes por imitação e vinculam suas dores antes à vontade do que à contrariedade, criando assim um ambiente psicológico em que reina, como sublinhou certo crítico, uma espécie de "bovarismo da desgraça". Foi nessa atmosfera mórbida que deitou suas raízes o ultrarromantismo de Álvares de Azevedo.

Morto, como já se disse, antes de completar 21 anos, é assombrosa não apenas a produção poética que nos legou, toda ela composta em quatro ou cinco anos de atividade, mas também a fecundante e avassaladora influência que exerceu sobre seus companheiros de geração e incontáveis epígonos, assim como a prodigiosa cultura literária que acumulou, fruto de suas leituras de Shakespeare, Dante, dos clássicos latinos e dos grandes românticos ingleses, franceses e alemães de seu tempo, com destaque particular no que toca às obras de Hugo, Musset, Vigny, Lamartine, George Sand, Byron, Shelley, Hoffmann e Goethe. É daí que vêm o seu lirismo lânguido e sombrio, a sua irremediável melancolia, o seu cansaço da vida, a sua mórbida filiação ao *mal du siècle* e até mesmo o seu humor, um humor à inglesa, como observam José Veríssimo e Sílvio Romero, pouco comum na literatura de língua portuguesa e que pela primeira vez aparece entre nós graças justamente ao autor da *Lira dos vinte anos*. Um humor que não se manifesta pela via cômica da chalaça ou da velha pilhéria portuguesas, como tampouco do riso algo maligno da comédia ou do áspero castigo da sátira, mas antes aquele humor que consiste numa disposição especial da alma e que demanda o concurso da finura, da astúcia analítica, do pendor filosófico e de uma certa dose de ceticismo.

Seria pertinente creditar, ainda que em parte, a aquisição desse vasto conhecimento literário ou dessa vertente irônica à educação formal de Álvares de Azevedo? Não creio. Embora esmerada, pois entre seus mestres se incluem Joaquim Caetano Pereira da Silva e Gonçalves de Magalhães, essa educação somente lhe proporcionou, até a conclusão do bacharelato no Colégio Pedro II, o aprendizado de inglês, francês e latim, além de umas tintas de história, filosofia e outras humanidades. E quanto ao curso na Academia de Direito de São Paulo, conquanto fosse aluno aplicado, sabe-se que o poeta o abandonou no quarto ano, em 1851, quando regressou em definitivo ao Rio de Janeiro. A São Paulo de sua época era uma cidade provinciana e mesquinha, e decerto não foi lá que ele haveria de praticar as façanhas sentimentais dos heróis de Byron e Musset. A verdade é que, graças à leitura, uma aturada e multiforme leitura – e daí, talvez, o caráter algo livresco de boa parte de sua obra –, acabou o poeta por tornar-se um dos espíritos literariamente mais cultos de sua época, tendo conhecido na língua original algumas das obras-primas das grandes literaturas europeias. Além dos textos dos românticos franceses, ingleses e alemães, terá lido Dante, Tasso e Horácio no idioma em que estes escreveram. E é possível que tenha dominado, ainda que precariamente, o espanhol e o italiano moderno.

Dentre todos os poetas românticos, se considerarmos o brevíssimo período durante o qual se manteve em atividade, foi quem nos legou relativamente a maior produção. Leu e concebeu demais, escrevendo em permanente tumulto, sem o necessário senso crítico, embora o possuísse mais vivo do que qualquer de seus pares, exceto Gonçalves Dias. E isso o levou à desigualdade em sua atabalhoada faina literária, na qual avultam poemas sem nenhum relevo, frouxos e convencionais, autêntica versalhada sem qualquer controle crítico, ao lado de peças de altíssimo valor literário, como, entre outras, "Hinos do profeta", "Pedro Ivo", "Lembrança de morrer", "Se eu morresse amanhã!", "Teresa", "Solidão", "Pálida, à luz da lâmpada sombria", "Perdoa-me, visão dos meus amores", "Ideias íntimas", "Um cadáver de poeta" e "O poeta moribundo". Foi o primeiro, e talvez o único antes do Modernismo, a conferir categoria poética ao prosaísmo cotidiano, à roupa suja, ao conhaque, ao charuto barato ou ao cachimbo sarrento, como o atestam os surpreendentes poemas "É ela! É ela! É ela! É ela!", "Namoro a cavalo" e os seis que compõem a série "*Spleen* e charutos", todos da segunda parte *da Lira dos vinte anos*, cujo prefácio, do punho do próprio autor, nos lança esta desconcertante advertência: "Quase que depois de Ariel esbarramos em Calibã. A razão é simples. É que a unidade deste livro funda-se numa binomia. Duas almas que moram nas cavernas de um cérebro pouco mais ou menos de poeta escreveram este livro, verdadeira medalha de duas faces." E pouco adiante: "Nos mesmos lábios onde suspirava a monodia amorosa, vem a sátira que morde."

Apesar dessa aguçada consciência de sua própria natureza contraditória, a um tempo frágil e vigorosa, Álvares de Azevedo não teve tempo para amadurecer como artista. Lembre-se aqui, a seu favor, que tudo o que escreveu, seja em verso, seja em prosa, é de publicação póstuma, a começar pela *Lira dos vinte anos*. E os três poemas que de fato comprometem a sua obra – *O poema do frade*, *O conde Lopo* e o *Livro de fra Gondicário* – são antes esboços juvenis que talvez não pretendesse publicar, tentativas desvairadas de "byronizar" a aventura da vida, previsíveis num rapazola de 16 ou 17 anos e que, como no caso de outros românticos precoces, revelaram-se desastrosas. Em sua *Formação da literatura brasileira*, Antonio Candido nos faz esta lúcida observação: "Em Gonçalves Dias sentimos que o espírito pesa as palavras, em Castro Alves, que as palavras arrastam o espírito na sua força incontida. Situado não apenas cronologicamente entre ambos, Álvares de Azevedo é um misto dos dois processos." E se é verdade que não ostenta a harmonia ou o senso formal daquele primeiro, nem o vigor ou a fervorosa paixão lírica do segundo, foi ele, todavia, "que mais fundo penetrou no âmago do espírito romântico, no que se poderia chamar o individualismo dramático que consiste em sentir, permanentemente, a diversidade do espírito, o sincretismo tenuemente coberto pelo véu da norma social, que os clássicos procuram eternizar na arte e se rompeu bruscamente no limiar do mundo contemporâneo".

É constante, dir-se-ia até obsessivo, na poesia de Álvares de Azevedo o tema da mulher, "o eterno feminino" de que ele foi talvez o primeiro entre nós a cultivar como o fez Goethe, ou seja, de forma absorvente e alucinatória. Mas que mulher seria essa? As lânguidas e vaporosas amadas sempre a desmaiar no vértice do gozo espiritual? As prostitutas satanizadas nos fantasmagóricos textos em prosa de *Noite na taverna* e do *Macário*, e de cujos favores muitíssimo provavelmente jamais se valeu o poeta? As virgens profanadas em meio ao sono? As donzelas defuntas que ele cobria de beijos após rasgar-lhes o sudário e despir-lhes o véu como o noivo o despe à sua noiva? Ou a mãe punitiva e onipresente a quem chama, a um só tempo, de "alma divina" e "maldita"? Parece não haver dúvida de que todas essas formas femininas povoam a imaginação mórbida e contraditória de Álvares de Azevedo, e esse aspecto de sua poesia foi exaustivamente analisado por Mário de Andrade no célebre estudo "Amor e medo", expressão que se pode aplicar à tensão dualística entre corpo e alma de que foram vítimas diversos outros poetas românticos, sobretudo os da segunda geração, e que serve de título a um dos mais estimados poemas de Casimiro de Abreu.

Embora não caiba afirmar que o amor do poeta pela mãe fosse, em si mesmo, anormal, não resta dúvida de que ele era, pelo menos, excessivo e obsidiante, a ponto de tornar-se uma forma de delírio, uma extremada elevação consciente, o seu maior gozo inconsciente, a razão mais alta de sua inexperiência adolescente. Em seu estudo, Mário de Andrade observa esta coisa espantosa: ao referir-se à avó, o poeta a trata como "a mãe de minha mãe"! É a mãe que ocupa o centro de sua pulsão amorosa e a quem está dedicada a *Lira dos vinte anos*, denunciando assim que a obra simboliza o regresso do autor ao seio materno. É o complexo de Édipo de que nos falam os psicanalistas, e para o seu afloramento na alma do poeta decerto muito contribuiu essa mãe, em cuja cama ele morre, após ter ela sonhado, alguns dias antes da data fatal, que ali ele haveria de morrer. E também a irmã predileta sempre ocupou-lhe o universo amoroso, como se pode ver em alguns de seus mais comovidos poemas, em especial o celebradíssimo "Se eu morresse amanhã!", em cuja primeira estrofe se lê:

> Se eu morresse amanhã, viria ao menos
> Fechar meus olhos minha triste irmã;

> Minha mãe de saudades morreria
> Se eu morresse amanhã!

E note-se que essa devoção incestuosa não é exclusiva dos poemas. Ela ocorre também na prosa lasciva e fantasmática de *Noite na taverna*, pois no último conto do livro a trama amorosa envolve a irmã profanada pelo irmão, que ainda mata por isso outro irmão, o que acentua, com violenta sensualidade, o caráter esplêndido da irmã.

Como assinala ainda Mário de Andrade, em várias outras passagens Álvares de Azevedo confunde irmã e amada, além de juntar irmã e mãe em outras tantas. E todo esse comportamento nada mais é do que um óbvio sintoma do pavor juvenil diante do ato sexual, ou seja, o medo do amor, esse medo que, à exceção de Castro Alves, contaminou todos os românticos. Por isso mesmo, as amadas estão sempre adormecidas, são evanescentes e se diluem no palor das atmosferas nevoentas, impregnadas de suores e vapores.

O poeta nunca ousa aproximar-se da amada quando desperta, dona de sua ameaçadora consciência. É ele próprio que o confessa no poema "Teresa":

> Não acordes tão cedo! enquanto dormes
> Eu posso dar-te beijos em segredo...
> Mas quando nos teus olhos raia a vida,
> Não ouso te fitar... eu tenho medo!

Em toda a sua obra, aliás, como sustenta Antonio Candido, percebe-se "uma sensação geral de evanescência, de passagem do consciente ao inconsciente, do definido ao indefinido, do concreto ao abstrato, do sólido ao vaporoso, que aparece na própria visão da natureza, na qual opera uma espécie de seleção, elegendo os aspectos que correspondem simbolicamente a estes estados do corpo e do espírito". Parece assim não haver dúvida de que se trata de manifestação caracteristicamente romântica, e mais ainda de Álvares de Azevedo, esse desfalecimento amoroso, essa languidez que esfuma a visão interior, dando origem às imagens correspondentes de dissolução ou inconsistência.

Graças ao caráter universalista de sua poesia, que, ao contrário do paisagismo de Gonçalves Dias, revela-se quase "liberta de qualquer nota de cor local", como assinala José Guilherme Merquior, Álvares de Azevedo foi talvez o mais moderno dentre todos os nossos poetas românticos, aquele que, de certa forma, empreendeu, à semelhança de Xavier de Maistre, uma viagem à roda de seu quarto e do próprio eu. E nessa viagem a alma emerge a partir de uma misteriosa conjugação do espaço material com os movimentos interiores. Moderna é também a lucidez com que expôs, tanto na criação poética quanto no pensamento crítico, aquele paradoxo romântico, tão sabiamente apontado por Friedrich Schlegel, que consiste na capacidade que possuíam os poetas desse movimento de criar mundos perfeitos e eternos, mas susceptíveis de serem destruídos pelo mesmo espírito que os criou. A isto chamou-se

SE EU MORRESSE AMANHÃ

"ironia romântica", e dela foi Álvares de Azevedo o maior usuário entre nós, como se pode deduzir não apenas daquele assombroso prefácio à segunda parte da *Lira dos vinte anos*, mas também de alguns poemas que nos deixou, em particular os que agrupou sob o título "*Spleen* e charutos", que já tive aqui a oportunidade de comentar. Apesar da prosa intrigante e fantástica que escreveu, foi ele, acima de tudo, um poeta. Pelo menos assim o pretendeu quando nos disse num poema imortal:

> Descansem o meu leito solitário
> Na floresta dos homens esquecida,
> À sombra de uma cruz, e escrevam nela:
> – Foi poeta – sonhou – e amou na vida.

2011

Álvaro Lins
E A CRISE DA LITERATURA

AO LONGO DOS QUASE 58 anos de sua existência, mais precisamente de 14 de dezembro de 1912 a 4 de junho de 1970, Álvaro Lins, cujo centenário de nascimento agora se celebra, desempenhou papel de destaque não apenas em nossas letras, mas também na vida pública do país, pois não se pode esquecer sua trajetória no magistério, no jornalismo, na política e na diplomacia, em especial durante o mandato do presidente Juscelino Kubitschek. Nascido em Caruaru, Pernambuco, fez o curso primário em sua cidade natal e o secundário, já no Recife, no Colégio Salesiano e no Ginásio Padre Félix. Lá ingressou na Faculdade de Direito e, ainda estudante, começou a lecionar História da Civilização no Ginásio do Recife e no Colégio Nóbrega. Aos 20 anos, na condição de representante do Diretório dos Estudantes na abertura do ano letivo da Faculdade de Direito, pronunciou a conferência "A universidade como escola dos homens públicos", que despertou vivo interesse nos círculos intelectuais da capital pernambucana. Pode-se dizer que ali tinha início a fecunda e polêmica trajetória política e literária de Álvaro Lins.

Logo em seguida, passou a colaborar no *Diário de Pernambuco* e, em 1935, concluiu o curso de direito. Graças à sua participação em movimentos políticos no Recife, tornou-se secretário de estado do governo de Pernambuco a convite do interventor (e depois governador) Carlos de Lima Cavalcanti. Já em 1936, seu nome fazia parte da chapa do Partido Social Democrático (PSD) de Pernambuco, fundado por Lima Cavalcanti, para disputar uma cadeira à Câmara dos Deputados, pretensão que acabou abortada pelo golpe do Estado Novo, que suspendeu as eleições em 1937. Álvaro Lins deixou então a Secretaria de Governo e abandonou seus planos políticos, mas não propriamente a política, como depois se veria. É nessa época, entretanto, que retorna ao exercício da crítica literária e publica seu primeiro livro: *História literária de Eça de Queirós* (1939), transferindo-se no ano seguinte para o Rio de Janeiro, onde começa a trabalhar no *Correio da Manhã*, nas páginas do qual irá se consagrar como um dos maiores críticos de sua geração.

Ainda em 1939 publica *Alguns aspectos da decadência do Império* e, dois anos depois, a primeira série de seu opulento *Jornal de crítica*, que se desdobrará em outras seis, a última das quais com data de 1963. Colaborador do Suplemento Literário do *Diário de Notícias* e dos *Diários Associados* e já então redator-chefe do *Correio da Manhã*, função na qual permaneceria até 1956, Álvaro Lins publica ainda durante esse período três outros títulos de sua vasta bibliografia: *Poesia e personalidade de Antero de Quental* (1942), o primeiro volume de *Notas de um diário de crítica* (1943) e *Rio Branco* (1945). Convidado no início de 1946 para o cargo de consultor técnico da Divisão Cultural do Itamarati, ali permaneceu até 1952, exercendo, ainda nessa mesma época, várias funções no Instituto Brasileiro de Educação, Ciência e Cultura, agência especializada da Unesco no Brasil. Nesse último ano lecionou a disciplina Estudos Brasileiros na Faculdade de Filosofia e Letras da Universidade de Lisboa, tendo permanecido em Portugal até julho de 1953.

Regressou ao Brasil em agosto de 1954 em consequência da crise política desencadeada pelo suicídio de Vargas, época em que reassume as atividades jornalísticas e a cátedra de literatura no Colégio Pedro II, que exercera como interino entre 1941 e 1951, quando se tornou titular graças à obtenção do 1º lugar em concurso de títulos e provas com a tese *A técnica do romance em Marcel Proust*, publicada em 1956. Em 1955 foi eleito por unanimidade para a Academia Brasileira de Letras na Cadeira 17, até então ocupada por Edgar Roquette-Pinto, sendo ali recepcionado pelo acadêmico João Neves da Fontoura em 7 de julho de 1956. É também por essa época que Álvaro Lins empenha-se ativamente, como jornalista e como político, na luta para garantir a posse de Juscelino Kubitschek na Presidência da República, o que afinal se dará no início daquele ano. Pouco depois afastou-se da crítica literária que exercia no *Correio da Manhã* para assumir a direção política do jornal.

Nomeado chefe da Casa Civil de Juscelino, manteve-se nessa função até o fim de 1956, quando foi indicado como embaixador do Brasil em Portugal.

Logo após a chegada de Álvaro Lins a Lisboa, em 1957, o presidente de Portugal, Francisco Higino Craveiro Lopes, visitou o Brasil, estabelecendo na ocasião os termos dos atos de regulamentação do Tratado de Amizade e Consulta entre Brasil e Portugal. Álvaro Lins considerava tal acordo "lesivo aos interesses do Brasil". De fato, suas posições tornariam inevitável o choque com a ditadura salazarista e o colonialismo por ela sustentado. O impasse foi criado quando, no início de 1959, a embaixada brasileira concedeu asilo ao líder oposicionista português, general Humberto Delgado. Esse asilo, homologado pelo Itamaraty como uma decisão do governo brasileiro, não foi reconhecido pelo governo de Portugal, o que consistia, nas palavras de Álvaro Lins, um "flagrante desacato" ao próprio governo Kubitschek.

Sentindo-se nesse episódio abandonado por não ter podido contar com o apoio de Kubitschek "para desagravá-lo e desafrontar a representação do Brasil em Lisboa", Álvaro Lins protestou com veemência quando uma comissão especial do governo português chegou ao Rio de Janeiro com o objetivo de convidar Kubitschek para participar dos festejos henriquinos em Portugal na condição de coanfitrião e cochefe de Estado português. O presidente brasileiro não só aceitou o convite como solicitou que Portugal concedesse asilo político em seu território ao ditador Fulgêncio Batista, deposto pela Revolução

Cubana em janeiro de 1959. Pouco tempo depois, descontente com a posição assumida por Juscelino, Álvaro Lins escreveu-lhe uma carta rompendo política e pessoalmente com o presidente e condenando seu "compromisso com a ditadura salazarista". Acusava ainda a política do governo Kubitschek de "cumplicidade com as ditaduras, de maneira particular com as de Portugal, do Paraguai e da República Dominicana".

Em 1959 foi exonerado da embaixada em Portugal. Porém, antes de deixar seu posto em Lisboa, devolveu ao governo português a condecoração da Grã-Cruz da Ordem de Cristo, que lhe fora conferida pelo presidente Craveiro Lopes. De volta ao Brasil, recolheu-se à sua cátedra de literatura. Em 1960 publicou *Missão em Portugal*, relato do dia a dia de sua experiência na embaixada de Lisboa. Nesse livro foi publicada também sua carta de rompimento com Juscelino Kubitschek. Em 1961, Álvaro Lins passou a dirigir o suplemento do *Diário de Notícias* do Rio de Janeiro. Deixando o jornal em 1964, dedicou os últimos anos de sua vida a escrever livros.

Galardoado com a mais alta condecoração brasileira, a Grã-Cruz da Ordem Nacional do Mérito, Álvaro Lins foi ainda presidente da I Conferência Interamericana da Anistia para os Exilados e Presos Políticos da Espanha e de Portugal, realizada na Faculdade de Direito de São Paulo em 1960, e chefe da delegação brasileira ao Congresso Mundial da Paz, reunido em Moscou em 1962.

Recebeu, entre outros, o Prêmio Centenário de Antero de Quental, pelo ensaio *Poesia e personalidade de Antero de Quen-*

tal (1942); o Prêmio Felipe de Oliveira, da Sociedade Felipe de Oliveira, e o Prêmio Pandiá Calógeras, da Associação Brasileira de Escritores, pela obra *Rio Branco* (1945); o Prêmio Jabuti Personalidade do Ano, da Câmara Brasileira do Livro, pela sua obra *Missão em Portugal* (1960); e o Prêmio Luiza Cláudio de Souza, do Pen Club do Brasil, pelas obras *Os mortos de sobrecasaca* e *Jornal de crítica. Sétima série* (1963).

Embora de caráter quase institucional, esse introito era importante para que se tenha uma ideia, ainda que fragmentária, da intensa participação que teve Álvaro Lins na vida política nacional. Ela explica, de certa forma, a crítica literária que exerceu o autor, essa crítica que já se insinua naquela conferência que proferiu aos vinte anos, ainda no Recife: "A universidade como escola de homens públicos." Ela atesta que nele já se percebia aquilo que com ele morreria, o homem público, o servidor da comunidade, o político. Convém não ignorar aqui o que disse Aristóteles há mais de 25 séculos, ou seja, que somos todos animais políticos. E, como observa Antônio Houaiss em seu discurso de posse nesta Academia, onde ocupou por 28 anos a Cadeira 17, Álvaro Lins, "no que pôde entre mostrar como político, ter-se-ia sacrificado, com vistas a servir, jamais servir-se". O golpe do Estado Novo, em 1937, afastou-o da arena política, ensejando-lhe a alternativa do jornalismo, e se, como jornalista, foi-lhe por vezes interdita a militância didático-política que inerva o exercício dessa profissão, teve ele uma segunda alternativa, a que lhe oferecia a oportunidade de ser fiel a si mesmo: fez-se crítico literário. Mas o crítico literário, como ainda uma vez sustenta seu sucessor na Cadeira 17, "foi nele a maneira possível de ser político; todas as instâncias que a vida lhe propiciou para engajar-se na política – cultural, administrativa ou internacional –, preferiu-as a tudo mais".

Em certo sentido, Álvaro Lins viria a ser, como pretende Otto Maria Carpeaux, "o crítico da crise das letras brasileiras", pois começou a atuar num momento de audaciosa revisão de valores que se encaminhava para o reconhecimento de uma literatura nacional definitivamente constituída. Seu papel foi, assim, o de restabelecer a ordem desses valores, de esclarecer os aspectos nebulosos da crise e de chamar a atenção para o aparecimento de alguns notáveis escritores nas letras brasileiras contemporâneas, o que constitui a responsabilidade e o dever dos intelectuais. E, para tanto, era preciso coragem. Álvaro Lins não temia glórias consagradas, nem mesmo aquelas que eram assim consideradas em razão de uma morte misericordiosa, porque *"la mort n'est pas une excuse"*. Com isso tornou-se um homem fora e acima dos partidos, e confirmou-o em seu artigo sobre Rui Barbosa, no qual reprova corajosamente o escritor Rui, ídolo da vertente gramático-filológica, para erguer um monumento ao outro Rui, o homem da vida pública, combatido e desdenhado por quase todos os partidos ideológicos. E foi isso, provavelmente, o que levou Carpeaux a afirmar: "A crítica do Sr. Álvaro Lins é a menos doutrinária imaginável; parece até crítica impressionista."

Mas aqui convém esclarecer, como o faz oportunamente o autor de *Origens e fins*: "É o impressionismo dum homem profundamente impressionado, angustiado pelas catástrofes da vida e da época, que o fizeram amadurecer antes do tempo." Visto à distância de mais de meio século, não há dúvida de que foi ele um de nossos últimos impressionistas, numa época em que as modernas correntes da crítica europeia e norte-americana, como as da estilística e do New Criticism, já começavam a inferir na literatura brasileira, especialmente nas universidades, onde ganhavam corpo os processos interpretativos. Mas Álvaro Lins era um crítico de rodapés, de suplementos literários, um hermeneuta fiel aos critérios judicativos que o induziam ora ao acerto, ora ao erro. Reconheceu de pronto o gênio de Guimarães Rosa, mas equivocou-se no caso de Clarice Lispector. Como católico, tinha o sentido da ordem espiritual, da hierarquia dos valores e do mundo, e sabia que não se destrói realmente senão aquilo que se pode substituir. Como observa ainda uma vez Otto Maria Carpeaux, "suas soluções, às vezes violentas, subordinam-se à vontade de arrumar a casa para restabelecer a ordem", instituindo assim um código de valores.

Não há dúvida de que foi esse código de valores que o levou a declarar, com toda clareza e autoridade, que a poesia brasileira contemporânea possuía três vozes de primeira grandeza e que assim poderiam ser reconhecidas em qualquer literatura americana ou europeia: as de Manuel Bandeira, de Carlos Drummond de Andrade e de Augusto Frederico Schmidt. Mais uma vez acertou. E mais uma vez se enganou. Enganou-se porque não se poderia, naquele momento histórico, julgar toda a nossa poesia contemporânea de acordo com esse código, que colocava em situação subalterna autores como Jorge de Lima, Murilo Mendes e Vinicius de Moraes, ou que simplesmente omitia o nome de Cecília Meireles. Ainda assim, foi muito o que fez pelo reconhecimento de nossa poesia, e Carpeaux não hesita em comparar seu papel àquele que exerceu Sainte-Beuve no que toca à poesia francesa. Em seus julgamentos, muitas vezes intuitivos, o que mais pesava era a expressão dos estados de alma do escritor, razão pela qual louvou entusiasticamente Machado de Assis, José Lins do Rego, Marques Rebelo, Lúcio Cardoso e Otávio de Faria. Mas enganou-se outra vez em seu julgamento precipitado de Graciliano Ramos e Érico Veríssimo. Crítico da crise espiritual de seu tempo, são ainda memoráveis os ensaios que nos deixou sobre a literatura europeia, sobretudo aqueles em que aborda a decadência francesa, a agonia dos católicos, a arte do romance proustiano ou o pensamento de Gide.

Na verdade, há ainda muito mais o que dizer sobre esse crítico que consagrou quase quatro décadas das pouco mais de cinco em que se resumiu a sua existência, a última das quais registra a publicação de dez importantes títulos, como, entre outros, *A glória de César e o punhal de Brutus* (1962), *Os mortos de sobrecasaca* (1963), *Literatura e vida literária* (1963), *O relógio e o quadrante* (1964), *Poesia moderna do Brasil* (1967) e *O romance brasileiro* (1967). É nessas obras que se torna claro como o autor entendia a literatura, ou seja, como uma forma quase artística: conhecer e fazer que se complementam apenas pelo exercício da própria análise crítica ou conceitual, unidade profunda que lhe conduzia a navegação nos tormentosos mares desde sempre ameaçados pelos riscos dos julgamentos de valor. A propósito, deve-se a essa prática temerária as acusações, não de todo infundadas, de que foi ele, acima de tudo, um crítico impressionista, subjetivo, vivamente influenciado pelos roteiros espirituais de um Sainte-Beuve, de um Thibaudet, de um Croce, desses altos espíritos que se debruçam sobre a literatura sem se sentir para tanto obrigados a análises técnicas das estruturas literárias.

Ao fazer o elogio de Álvaro Lins em seu discurso de posse na Academia, Antônio Houaiss observa, a propósito dessa atitude temerariamente intuitiva do grande crítico, que ele não ostentava "nenhuma teoria de níveis, nenhuma busca de funções específicas". E acrescenta: "Senhor de inteligência agílima, dono de memória singular, leitor perspicaz, antena de correntes filosóficas e estéticas de seu tempo, usava de todos os dados disponíveis para a militância de sua crítica, que ia direto ao julgamento, correndo assim todos os riscos." Tornou-se proverbial o seu passionalismo, o que fez dele um árbitro às vezes imotivado, capaz de transformar em evidência opiniões que poderiam exigir esforços de prova e contraprova. Mas foi um dos poucos entre nós que soube intuir as marés montantes, as obras que mereciam reconhecimento crítico imediato, as tendências estético-literárias da época e os valores emergentes, deixando-nos assim um legado que até hoje perdura, ainda que marcado pelas manifestações ocasionais de seus humores.

Lembra ainda Antônio Houaiss que Álvaro Lins tinha plena consciência de que, como crítico, cabia-lhe distinguir o que seria crítica literária e ciência da literatura: "A esta, não apenas admitia, senão que louvava, com a condição de que fosse o instrumental com que aquela pudesse, acaso, exercer sua soberania, o julgamento de valor." Percebe-se essa preocupação em incontáveis passagens de sua obra, como, entre outras, *Literatura e vida literária: diário e confissões*, à qual pertence esta significativa anotação: "Como podemos distinguir Ciência e Arte, desde que ambas visam a um conhecimento do homem e da natureza? Distinguem-se pela maneira de operar no ato de conhecer e pela forma de revelar o conhecimento. Uma se exprime em 'conceitos', a outra em 'imagens.'" Apoiado na *Estética* de Croce, Álvaro Lins sustenta que foi o filósofo italiano quem definiu com maior exatidão essa dupla finalidade. O conhecimento teria assim duas formas: ou é intuitivo ou é lógico, conhecimento pela "fantasia", ou conhecimento pela "inteligência", conhecimento do "individual" ou conhecimento do "universal", ou das coisas "particulares", ou de suas "relações". Em síntese, conclui o autor de *Os mortos de sobrecasaca*, ou é produtor de "imagens", ou é produtor de "conceitos". Sublinha Antônio Houaiss que, calcada na oposição crociana, essa distinção "vale, dentro de sua obra, como um critério que lhe esteia o pensamento, se não ao longo de sua militância crítica, ao menos num lapso de tempo predominante".

Antônio Houaiss chama ainda a nossa atenção para uma sequência de ensaios incluídos em *O relógio e o quadrante* em que Álvaro Lins busca uma definição que justifique a crítica literária tal como a exerceu. Vale a pena transcrever aqui pelo menos um trecho do texto em que ele tenta fazê-lo: "Quando se exige de um crítico que ele seja também um criador, esta exigência não significa que lhe esteja a pedir que componha poemas e romances. Dentro da mais pura e mais estrita atividade crítica existe uma função criadora. A criação do crítico lhe vem da possibilidade de levantar, ao lado ou além das obras dos outros, ideias novas, direções insuspeitadas, novos elementos literários e estéticos, sugestões de bom gosto, sistematizações, esquematizações, quadros de valores. Crítica num tríplice aspecto: interpretação, sugestão, julgamento." Ao concluir seu elogio, Antônio Houaiss salienta que Álvaro Lins foi, na sua crítica, o militante da sua verdade. E remata: "E dessa militância teve nítida consciência trágica. Tão crescentemente trágica, que num dado momento – o de seus últimos anos – se ilhou na impotência de apegar-se a qualquer valor circulável, o que o levou ao mutismo compulsório de quem, a dizer, diria o que os donos de outras verdades não permitiriam dissesse."

Álvaro Lins foi recebido nesta Casa em 7 de julho de 1956 pelo acadêmico João Neves da Fontoura, curiosamente o mesmo dia e o mesmo mês que escolhi para minha posse em 2000, 44 anos após a investidura do grande crítico. Neves da Fontoura louva-lhe a unanimidade da escolha (foram 34 votos no primeiro escrutínio), os primeiros frutos colhidos pelo autor, seus anos iniciais no magistério, a sedução da política, o livro de estreia sobre Eça de Queirós, o sentido de sua crítica literária, a pertinácia de sua militância na imprensa, a sinceridade de seus juízos de valor, o julgamento pelos críticos da época, a excelência de sua tese sobre o romance proustiano, o exercício da cadeira de Estudos Brasileiros em Lisboa, a sua aguda interpretação de Rio Branco e o monumental discurso de posse em que fez o elogio do antecessor Roquette-Pinto. Recorda ainda aquele diplomata o memorável e consagrador reconhecimento literário à obra do autor por parte de Antonio Candido, Alceu Amoroso Lima, Otto Maria Carpeaux e Roger Bastide, que, ao comentar as *Notas sobre um diário de crítica*, escreveu: "Para traçar a genealogia do tipo do *Diário de crítica*, seria preciso, depois de Montaigne e Gide, falar de Charles Dubos e Álvaro Lins."

De Antonio Candido, por exemplo, ressalta o orador que este ilustre crítico de nossas letras, ao analisar a obra do novo imortal, nela destaca "o justo equilíbrio e a imparcialidade entre impressionismo estético, que ameaça os grandes individualistas, e a solicitação da atividade no mundo que arrasta o intelectual para o turbilhão dos acontecimento e das paixões políticas". E acrescenta o autor da *Formação da literatura brasileira*: "Não quero dizer que o Sr. Álvaro Lins seja o 'melhor' crítico brasileiro, porque estas questões não têm sentido. Não há dúvida de que ele é o 'mais' crítico." Se de um lado Otto Maria Carpeaux o define como o "crítico da coragem" por atuar sempre acima de todo o doutrinarismo ideológico, de outro Alceu Amoroso Lima louva-lhe "a independência, o bom gosto, a pertinácia e a cultura", valores em nome dos quais irá pouco mais tarde proclamar Álvaro Lins como "o maior dos nossos críticos vivos".

João Neves da Fontoura termina a sua fala ponderando que muito ainda se espera do novo acadêmico antes que ele alcance o topo da montanha e nos devasse aquilo que se oculta atrás da última franja do horizonte, já bem distante daquelas ilusões da escola primária de Caruaru, quando as crianças não tinham, como agora, esse ar de malícia e de ingênua sabedoria. E aproveita a ocasião para narrar o seguinte episódio: "Recebendo, não faz muito, Jean Cocteau na Academia Francesa, o Sr. André Maurois recorda que o poeta lhe contara, como apólogo, uma historieta de sabor irresistível. À noite em que nasceu um de seus sobrinhos, o pai foi despertar o primogênito para dizer-lhe que um anjo acabara de chegar, trazendo-lhe um irmãozinho. 'Queres ver teu irmão?' perguntou o pai, 'Não', respondeu o pequeno, 'quero ver o anjo'." Ao atribuir o papel desse anjo a Álvaro Lins, o orador daquela noite já perdida no tempo incumbia o novo imortal da missão de nos fazer ver e compreender a universalidade dos segredos mais recônditos da arte e da literatura.

2012

O último bandeirante

JURISTA, POLÍTICO, HISTORIADOR, biógrafo, poeta bissexto de inspiração parnasiana e autêntico homem de letras, José de Alcântara Machado nasceu em Piracicaba, no interior de São Paulo, em 1875, e faleceu na capital paulista em 1941. Diplomado em direito em 1893, foi também cronista, professor e parlamentar na Assembleia Constituinte, distinguindo-se como orador durante a Revolução Constitucionalista de 1932. Foi, ainda, um dos principais redatores do *Código Penal Brasileiro*, e tornaram-se clássicos os seus trabalhos sobre Medicina Legal. Membro do Instituto Histórico e Geográfico Brasileiro e da Academia Paulista de Letras, elegeu-se para a Academia Brasileira de Letras na sucessão do fundador José Júlio da Silva Ramos, sendo nela recebido por Afrânio Peixoto em 20 de maio de 1933. Suas obras incluem, entre outras, a biografia do pai, *Brasílio Machado: 1848-1919* (1937), e *Alocuções acadêmicas* (1941), além de vasta e importante produção jurídica.

 O que aqui mais de perto nos interessa, entretanto, é sua esplêndida e, de certa forma, pioneira *Vida e morte do bandei-*

rante, cujo estilo e cujos pressupostos são antes cautelosos e tradicionalistas do que propriamente revolucionários. E, não obstante, pode-se dele dizer que foi, até certo ponto e em certo sentido, exatamente isto: revolucionário. Provam-no, de forma cabal, dois textos distanciados no tempo: os das introduções que lhe escreveram Sérgio Milliet e, mais recentemente, Laura de Mello e Souza. O primeiro observa: "Numa época em que mergulhávamos nas preocupações eruditas, numa época em que os estudos de sociologia não passavam de divagações filosófico-literárias, sobretudo na parte que diz respeito ao condicionamento pelo grupo, à influência determinante dos fatores econômicos e sociais, Alcântara Machado teve a noção muito clara de que o indivíduo é, um última análise, apenas um aspecto subjetivo de cultura." E em sua obra diz o próprio Alcântara Machado: "Não é frívola a curiosidade que nos leva a inquirir onde moravam os nossos maiores, a maneira por que se alimentavam e vestiam, de que tiravam os meios de subsistência, a concepção que tinham do destino humano. Tudo isso facilita o entendimento do que fizeram ou deixaram de fazer. Só depois de frequentá-los na intimidade e de situá-los no cenário em que se moveram, estaremos habilitados a compreender-lhes as atitudes." É bem de ver que outra não seria a orientação de Gilberto Freyre em *Casa-grande & senzala*, quatro anos mais tarde. Pode-se dizer assim que, com a publicação de *Vida e morte do bandeirante*, em 1929, iniciava-se o estudo da história social do Brasil graças à análise direta e objetiva dos documentos de ordem cultural, no sentido mais amplo e sociológico da palavra, relativos a um dos períodos mais apaixonantes de nossa história: o bandeirismo.

Se já é agudo e premonitório o texto de Sérgio Milliet, mais fundo ainda mergulha o estudo introdutório de Laura de Mello e Souza, que nos pergunta logo às primeiras páginas de sua sagaz abordagem: "Fomos nós, historiadores dos anos 80 e 90, que inventamos *Vida e morte do bandeirante*, ou foi esta obra que nos inventou?" O que mais intriga no livrinho de Alcântara Machado, que lhe trouxe imediato prestígio nacional e levou-o à Academia Brasileira de Letras, é sua atualidade e seu caráter inovador, já que o autor é um intelectual à moda antiga e figura afinada com a oligarquia de seu estado. Mas esse apego aos valores tradicionais não comprometeu a obra de Alcântara Machado, servindo-lhe antes de estímulo e nutriente, pois seu intuito não é "louvar as elites, às quais pertence, mas compreender a história de São Paulo para melhor compreender a história do Brasil – e, nisto, reside sua feição inequívoca de historiador". Quase nada em *Vida e morte do bandeirante*, pondera Laura de Mello e Souza, lembra o "bandeirismo monumental", mas sim o cotidiano, "carregado de sustos e incertezas"; não se vê ali a história paulista como um "rosário contínuo de epopeias maravilhosas", mas, ao contrário, os aspectos mais pedestres da vida no sertão; e a São Paulo de Alcântara Machado "não é opulenta, mas pobre e acanhada, pois as referências sobre o cotidiano, que colhe nos documentos, destroem pragmaticamente as mistificações ideológicas inauguradas pelos linhagistas".

Assim como Sérgio Milliet, também Laura de Mello e Souza sublinha a precedência do método historiográfico de Alcântara Machado, afirmando que sem ele, além de Capistrano de Abreu e Paulo Prado, seria difícil conceber *Casa-grande & senzala*, *Sobrados e mucambos* ou *Açúcar*. É que o autor de *Vida e morte do bandeirante* inaugura entre nós "o uso pioneiro e inovador dos inventários e testamentos paulistas", da mesma forma que Gilberto Freyre o faria com relação aos anúncios de jornais, livros de receitas, diários familiares e toda sorte de documentos menores. Outra particularidade crucial da obra de Alcântara Machado é que nela não pretendeu o autor "explicar o Brasil, mas uma de sua capitanias, aliás uma das mais afastadas dos centros de poder colonial: São Paulo. E, ao fazê-lo – quem no-lo diz é ainda Laura de Mello e Souza –, "acabou trazendo novos elementos para se compreender o país: como quase sempre acontece com as análises particularizantes bem-sucedidas, elas acabam sendo básicas para a compreensão dos aspectos mais gerais".

Diz em seguida a autora que o que nos surpreende em *Vida e morte do bandeirante* "é a modernidade na escolha do objeto e das fontes, a dissolução das personagens no destino comum da capitania, a valorização de temas até então desconsiderados, uma sensibilidade histórica que, apesar de certos preconceitos, é nossa contemporânea, e que vasculha o nexo das estruturas por detrás de fenômenos aparentemente insignificantes". E chega mesmo a vaticinar: "Vejo *Vida e morte do bandeirante* como a primeira obra de historiografia contemporânea." Lamente-se aqui, portanto, que, publicado em 1929, o livro de Alcântara Machado, apesar da imediata repercussão nacional que alcançou, foi logo depois mergulhando numa espécie de semiesquecimento, sendo poucos, ou muito poucos, os que dele ainda hoje se lembram.

Pai do ficcionista Antônio de Alcântara Machado, prematuramente falecido e muito celebrado pelos modernistas graças aos volumes de contos *Brás, Bexiga e Barra Funda* e *Laranja da China*, Alcântara Machado nos deixou uma obra solitária e pioneira a propósito da qual sublinha Sérgio Milliet: "Estilo e linguagem que se podem rotular de clássicos pelo funcionamento da expressão, pela simplicidade da imagem e o pudor da eloquência. E pelas mesmas razões antirromânticas, antibarrocas, modernas integralmente. Ao contrário dos que imaginam escrever bem porque imitam a sintaxe quinhentista e enchem sua literatura de arcaísmos, Alcântara Machado despe a dele de toda indumentária inútil." Ao meditarmos sobre esse estilo, nunca será demais repetir aqui a antiga lição do velho Boileau, como o faz Milliet ao final de seu estudo: "*Ce que l'on pense bien s'énonce clairment. / Et les mots pour le dire arrivent aisement.*" Como também nunca será demais, em se tratando de alguém que nasceu em Piracicaba, relembrar aqui sua inesquecível e emocionada profissão de fé paulista no discurso de posse em que fez o elogio de Silva Ramos:

> Paulista sou, há quatrocentos anos. Prendem-me no chão de Piratininga todas as fibras do coração, todos os

imperativos raciais. A mesa em que trabalho, a tribuna que ocupo nas escolas, nos tribunais, nas assembleias políticas deitam raízes, como o leito de Ulisses, nas camadas mais profundas do solo, em que dormem para sempre os mortos de que venho. A fala provinciana, que me embalou no berço, descansada e cantada, espero ouvi-la ao despedir-me do mundo, nas orações de agonia. Só em minha terra, de minha terra, para minha terra tenho vivido; e, incapaz de servi-la quanto devo, prezo-me de amá-la quanto posso.

2012

Nauro Machado
E A POESIA BRASILEIRA

É MUITO DIFÍCIL, PARA qualquer leitor ou até mesmo para um crítico literário, caracterizar com nitidez o contexto da poesia brasileira a partir das duas últimas décadas do século passado, quando tem início o que costumo designar como modernidade tardia. É o período que assinala a agonia do papel que desempenharam em nossa literatura, ao longo desse mesmo século, todos os movimentos de vanguarda, desde o Modernismo de 1922 até a caótica e heteróclita contribuição da chamada poesia alternativa ou marginal. É difícil, acima de tudo, porque nos falta o necessário distanciamento histórico de tudo aquilo que se produziu entre nós na segunda metade do século XX, nela se incluindo, também, os legados da Geração de 45, da Geração de 60, do Concretismo e do Neoconcretismo, da Poesia-Práxis e de outros movimentos menores. Enfim, de tudo aquilo que se irradiou a partir de 1922, com suas conquistas, seus equívocos, sua inevitável datação doutrinária, seus desvios e correção de rumos. Em suma, um gigantesco e complexo material não apenas literário, mas também artístico, pois envolve as áreas da música e de todas as artes plásticas, compreendendo-se aqui a arquitetura, isto sem falarmos em outros setores de nossa produção intelectual, desde a filosofia até a crítica de ideias.

Em uma de minhas primeiras conferências na Academia Brasileira de Letras, mais precisamente em novembro de 2000, abordei a questão de como se poderiam avaliar as tendências da poesia brasileira no fim do segundo milênio. Nela eu dizia que talvez pudéssemos antecipar algumas das características daquilo que viriam a escrever nossos poetas a partir de então, mas que, para tanto, seria oportuno revisitar o que começou a ser produzido entre nós na década de 1960, ou seja, uma vasta e importante contribuição que, como pretende o crítico Pedro Lyra em sua obra *Sincretismo. A poesia da Geração 60*, alcança agora o seu estágio de plena cristalização estética e reconhecimento literário. Vivemos hoje um período em que todos os procedimentos poéticos estão legitimados, desde o versilibrismo até o retorno à rima, à métrica e às formas fixas, aos quais se devem acrescentar aqueles que tiveram a sua origem nos ideários da vanguarda que sacudiram os círculos literários durante as décadas de 1950 e 1960, chegando até, pouco depois, ao poema-processo e à poesia holográfica. O que temos agora diante de nós é um notável pluralismo de tendências, de correntes e de procedimentos estéticos, mas nenhuma escola ou movimento da envergadura literária e histórica do Romantismo do século XIX ou do Modernismo de 1922. Essa constatação não chega a ser propriamente um mal ou sequer uma fraqueza, mas antes uma circunstância da época a que pertencemos, ou seja, como aqui já se disse, a do confuso, indefinível e complexo mosaico tardo-moderno.

Assim como eu, Nauro Machado – embora tendo estreado em 1958 – faz parte da Geração de 60, uma geração que desde sempre compreendeu que não poderíamos – ou, mais grave ainda, não deveríamos – estar a todo instante reinventando a língua, sob o risco de jamais conseguirmos consolidá-la enquanto realidade literária. Essa geração, se assim podemos chamá-la, pois nunca divulgou nenhum ideário ou manifesto estético-doutrinário, não reconheceu também nenhum líder ou chefe de escola, não teve berço geográfico, ao contrário do modernismo paulista ou do romance nordestino, e jamais foi propriamente unânime em suas múltiplas manifestações poéticas. Foi, como nenhuma outra, uma geração ecumênica, que floresceu em todos os estados da federação, e à qual somente se aplica o conceito geracional em virtude de duas circunstâncias algo vagas e mesmo impertinentes do ponto de vista da historiografia ou da crítica literária: primeira, a de que reúne, sem quaisquer parâmetros sistemáticos, a poesia que se estava escrevendo na década de 1960; segunda, a conclusão de seus integrantes de que já se esgotara a proposta formalista e universalizante da Geração de 45, considerada por alguns, a meu ver equivocadamente, como um segundo momento do Modernismo de 1922 e do qual apenas sobreviveram os poucos poetas que dela se afastaram, entre os quais João Cabral de Melo Neto, Ferreira Gullar e Lêdo Ivo.

Se pudéssemos delinear a cena poética em que se moveram os autores dos anos 60, diríamos que nela se registrou uma aguda diversidade: em vez de uma fisionomia unitária, incontáveis subfisionomias, isto é, uma ampla pluralidade de estilos e tendências, o que correspondia, de certa forma, não apenas às opções individuais de cada poeta, mas também, como aqui já dissemos, à sua dispersão por quase todo o território brasileiro. Daí o seu caráter ecumênico, o que lhe confere a condição de primeiro grupamento literário verdadeiramente nacional em toda a nossa literatura. Ao contrário dos autores que os antecederam, esses poetas não se viram obrigados a emigrar para o eixo Rio-São Paulo a fim de se afirmarem, permanecendo em suas províncias, onde conquistaram o seu espaço, apesar da precária distribuição de suas obras em território nacional, problema que até hoje atormenta os autores de um país de dimensões continentais. De algum modo, porém, quase todos se liam e tinham plena percepção de que estavam vivendo uma nova experiência, uma nova realidade poética que se beneficiava seja das conquistas, seja dos equívocos de gerações anteriores.

Em obra aqui já citada, Pedro Lyra, que não hesita em incluir Nauro Machado na Geração de 1960, nela reconhece três segmentos principais: 1) a tradição discursiva; 2) o semioticismo vanguardista, representado pelo Concretismo e o Neoconcretismo; e 3) a vertente alternativa, que, na verdade, irá se desenvolver na década seguinte. Vamos aqui nos ocupar apenas daquele primeiro segmento, ao qual pertence, como logo se verá, a poesia de Nauro Machado. A tradição discursiva, que nos remete à poesia que escreveram na década de 1930 os herdeiros do Modernismo, identifica-se pela permanência na exploração dos dois recursos tradicionalmente utilizados na expressão poética: o verso e a imagem. O verso linear fora desintegrado pelas vanguardas europeias no início do século XX e seria praticamente abolido na experiência concretista e na Poesia-Práxis, movimentos que transitam entre nós em fins dos anos 50 e princípios dos 60. Era o momento da agonia das vanguardas, quando a imagem linguística fora deslocada por uma poética de intervenção denotativa e seria como que substituída pela imagem visual na experimentação semiótica. Ao abolir o signo linguístico, extirpando-o assim do organismo sintático, esqueciam-se os concretistas de que se insurgiram contra uma estrutura que já é, em si mesma, um sistema simbólico: a linguagem.

Os poetas da década de 1960 ignoraram o experimentalismo semiótico dessas vertentes de nossas últimas vanguardas e deram continuidade ao discurso melódico-metafórico, de verso livre ou metrificado, branco ou rimado, assegurando assim o aprofundamento da linha evolutiva natural da poesia brasileira que se escreveu naquela época. Convém aqui recordar que o atributo verso-imagem refere-se apenas à *forma* e à *expressão* dessa poesia que, bem ou mal, é comum a todos os autores do grupo. Sua *substância*, porém, esgalha-se em quatro tendências distintas: a herança lírica, a convicção metapoética, o engajamento social e a explosão épica. Presente em todos os momentos de nossa evolução poética, essas tendências se compõem, durante os anos 60, de práticas mais ou menos constantes, portanto preferenciais, capazes de identificar não apenas um determinado poeta, mas também, como sustenta Pedro Lyra, "subgrupos estilístico-ideológicos dentro de uma mesma vertente". E entenda-se que um mesmo poeta, dependendo de seu estágio de produção, decerto terá frequentado mais de uma dessas tendências. Os exemplos não são poucos, sobretudo porque os autores dos anos 60 foram atingidos, de uma ou de outra forma, pelo arbítrio e a violência desencadeados no país pelo golpe militar de 1964. Bastaria citarmos aqui o caso de Affonso Romano de Sant'Anna: lírico em *Canto e palavra* (1965), épico em *A grande fala do índio guarani perdido na história e outras derrotas* (1978) e engajado socialmente em *Que país é este?* (1980).

Pois bem. É dentro desse contexto histórico-literário que se desenvolve a ciclópica produção poética de Nauro Machado, iniciada, como já assinalamos, em 1958 com a coletânea *Campo sem base*, dois anos antes, portanto, da publicação das primeiras obras dos autores que integram a Geração de 60, à qual – volto aqui a insistir – ele pertence não apenas em razão da natureza de seus temas e problemas, mas também porque sua contribuição mais decisiva, quer do ponto de vista do estilo, quer do ângulo de seus procedimentos operacionais, se inicia ao longo dos anos 60. Como quase todos os poetas dessa geração, Nauro Machado filia-se, acima de tudo, à vertente da herança lírica, que, durante esse período, se irradia em muitas e distintas direções. Há, por exemplo, um lirismo intensamente erotizado, resultante da liberação dos costumes promovida pela revolução sexual que se originou nessa década. Há, também, um lirismo universalista, de fundo cosmológico-metafísico, que aborda a problemática existencial. Ou o lirismo de fundo místico, propenso a aceitar a indiscutível realidade de um Deus criador do universo. Há, ainda, um lirismo de inervação mítica, que retoma e atualiza os grandes arquétipos calcados na cultura greco-romana. Em suma, pode-se até falar de um lirismo crítico, disseminado em todos esses autores e que se revela impregnado das instigações de um cotidiano oposto aos mais legítimos anseios do ser humano naquele momento. Nada mais previsível, aliás, numa geração que recusou o simples desabafo ou a pura confissão pessoal, o transbordamento sentimental ou o enclausuramento do eu numa estrutura psicossocial que então desmoronava de maneira irreversível.

Todas essas vertentes líricas estão presentes na poesia de Nauro Machado, cuja obra reúne perto de quarenta títulos, o que lança de imediato um árduo desafio a quem se disponha a decifrá-la. E está claro que não o farei no âmbito acanhado desta conferência, na qual abordarei certos aspectos que não podem ser esquecidos em seus poemas. E já que tocamos na questão da prodigalidade do autor, cumpre logo deixar claro uma virtude raríssima em poeta de tamanha abundância, ou seja, a ordem interna que preside toda essa volumosa contribuição, cuja coesão e coerência estéticas constituem exemplo bastante incomum na lírica brasileira. O que quero dizer é que, tanto de um ponto de vista estilístico quanto do prisma expressional, pode-se identificar o mesmo Nauro Machado do primeiro ao último de seus livros, o que abrange nada menos do que meio século de fecunda e tenaz atividade poética. Trata-se, por isso mesmo, de uma rara lição de fidelidade a si mesmo, não a fidelidade passiva de quem apenas se repete, mas antes a daquele carvalho heideggeriano que imperceptivelmente se move em sua aparente imobilidade. E se é verdade que os temas do autor serão sempre os mesmos, não são os mesmos seus desdobramentos nem a maneira de abordá-los, pois, como dizia Heráclito de Éfeso, o homem, à semelhança das águas de um rio, nunca permanece igual a si próprio.

Não parece haver nenhuma dúvida de que a questão nuclear da poesia de Nauro Machado é a angústia existencial ou, como observou José Guilherme Merquior em *O fantasma romântico*, "de toda uma somatização da angústia", razão pela qual deve ser ele definido como um poeta do ser. Talvez por isso, seus temas seminais sejam os da morte, da solidão individual, de Deus, do abismo do sexo e de um contínuo desconforto metafísico, aos quais se associam, no plano estritamente formal, como oportunamente sublinha o crítico paraibano Hildeberto Barbosa Filho, os "embates morfossintáticos e semânticos vivenciados no corpo da linguagem e nas suas variadas possibilidades transfigurativas". Em certo sentido, portanto, Nauro Machado retoma aquela vertente da tradição moderna da lírica ocidental que remonta a Baudelaire, Rimbaud, Mallarmé, Valéry, Rilke, Eliot, Pessoa, Borges e, entre nós, Augusto dos Anjos, Jorge de Lima e o Vinicius de Moraes dos primeiros poemas. O que está em jogo no caso deste autor para quem a poesia constitui uma questão "de vida ou morte" nada mais é do que a desesperada busca da verdade, da verdade ontológica, do ser que, rilkianamente, "está aqui" em seu eterno vir a ser.

Catalogado muitas vezes como sombrio, pessimista, escatológico e apocalíptico, o lirismo de Nauro Machado reflete, por outro lado, uma recusa à caducidade fenomênica do mundo real em seu afã de transcendência, uma transcendência que nada tem de escapista, mas, como disse o agudo crítico maranhense Franklin de Oliveira em seu prefácio a *Mar abstêmio*, de um feroz questionamento a valores pervertidos. E observa logo adiante: "Sua poesia é ferro em brasa em cima da alienação, da reificação e das forças que cindem a individualidade do homem e estilhaçam a sua vocação para a plenitude." São muitos os poemas que o atestam na obra do autor, mas fiquemos com este já sintomático "O parto", incluído em sua primeira coletânea:

> Meu corpo está completo, o homem – não o poeta.
> Mas eu quero e é necessário
> que me sofra e me solidifique em poeta,
> que destrua desde já o supérfluo e o ilusório
> e me alucine na essência de mim e das coisas,
> para depois, feliz ou sofrido, mas verdadeiro,
> trazer-me à tona do poema
> com um grito de alarma e de alarde:
> ser poeta é duro e dura
> e consome toda
> uma existência.

Sempre que leio ou releio Nauro Machado, assalta-me amiúde a impressão de que, conscientemente ou não, o que aqui pouco importa, sua poesia deve algo ao expressionismo, não ao dos poetas alemães, como Georg Trakl ou Gottfried Benn, mas antes ao dos pintores que, uns mais, outros menos, transitaram por essa vertente das artes plásticas, entre os quais Van Gogh, Georges Rouault, Chaim Soutine, Oskar Kokoschka e Edward Munch, sem esquecermos entre nós dos nomes de Oswaldo Goeldi e Lasar Segall. Há nesses artistas, assim como nos versos do autor de *Masmorra didática*, uma crise espiritual que os leva a uma constante deformação da realidade cotidiana e a um relacionamento com aquele "feio" de que nos fala Baudelaire, aproximando-os do horror, do fantástico e do demoníaco. Essa tendência, já vislumbrada por Merquior quando se refere ao "sombrio expressionismo" de Nauro Machado, é visível em incontáveis de seus poemas, como, entre outros, o longo "Tumor maligno", no qual ele se avizinha da temática macabra de Augusto dos Anjos, embora, como adverte ainda Merquior, sem se comprometer com o léxico cientificista ou a estridência fônica do autor do *Eu*. Mas essa embriaguez da deformação (inclusive da própria forma) pode ser vista ainda em outro poema de *O cavalo de Troia*. Por ser bem mais breve, leio aqui "O inferno do remorso":

> Porque destruí a tua forma,
> nunca mais repetitiva,
> embora a soubesse norma
> da prenhez de uma água-viva,

porque destruí a tua forma,
dentre a grade que te esprema
na estendida cobra, à corda
umbilical do poema:

haja pranto, pranto haja
com o desespero de quebra,
no olhar cego que se abaixa
na inversão de qualquer regra.

A essas profundas raízes expressionistas, Hildeberto Barbosa Filho acrescenta, na lúcida introdução que escreveu aos *Melhores poemas* de Nauro Machado, a herança que este recebe do Romantismo, do Simbolismo e da literatura gótica, o que o leva a forjar uma linguagem na qual aflora a sensação do concreto, do orgânico, do químico e do fisiológico, "numa espécie de naturalismo às avessas" que "tende a tangenciar o movimento subjetivo, tão intenso em sua dicção, para além dos limites lineares do simples confessionalismo", como acentua o crítico paraibano. Diz este ainda que, ao meditar sobre as questões da morte, da solidão, da noite, do tempo, da existência de Deus e do significado da própria palavra poética, Nauro Machado cultiva uma expressão que tem sempre a presidi-la "o olhar crítico, às vezes corrosivo e amargo, do eu poético", um eu que, "sendo quase biográfico em Nauro, transcende as fronteiras biográficas e descortina latitudes existenciais imprevisíveis". Esta é a razão pela qual sua poesia pode ser muitas vezes entendida como uma crítica da cultura, como força anti-ideológica e antimercadológica, o que, de certa forma, a caracteriza como uma poesia de resistência. Pelo menos, é isso o que se deduz da leitura de um poema como "*Delirium tremens*":

> Do nascimento à morte, o equívoco é de todos!
> O que eu levo, também o levam assassinos,
> levam-no plantas, bichos, velhos e meninos,
> levam-no as mesmas vísceras do espasmo em lodos.
>
> Viscoso oleoduto que em dor transitamos,
> estranha elefantíase, qual se doença fora,
> a terra cresce, corpo, a terra nos estoura
> no escuro ou claridade, aonde quer que vamos...
>
> E pouco importa a Deus o que chamamos de alma!
> Senhor do céu, e do inferno – o que neles comporta,
> eu me liquido em Ti, ó Deus, que (enfim) pouco importa
> que eternamente eu esteja morto na minha alma!

Não são poucos os críticos que já se detiveram no exame da obra poética de Nauro Machado. Além dos que aqui anteriormente citamos, cumpre lembrar ainda, entre outros, os nomes de Nelly Novaes Coelho, Henriqueta Lisboa, Josué Montello, Donaldo Schüler, Otávio de Faria, Fritz Teixeira de Salles, Wilson Martins, Ronaldo Costa Fernandes, Adonias Filho, Assis Brasil, Moacyr Félix, Fábio Lucas, Antônio Olinto e Ricardo Leão, este último autor do volumoso e minudente *Tradição e ruptura: a lírica moderna de Nauro Machado*, originalmente uma dissertação de mestrado apresentada em novembro de 2000 e publicada como livro dois anos depois. Nela se esmiúça boa parte das vozes críticas que se manifestaram sobre o autor. Não é aqui, está claro, o lugar de ouvi-las em sua totalidade, mas algumas merecem registro à parte. Antônio Olinto, por exemplo, ressalta a violência verbal da linguagem do poeta, a áspera e estranha sintaxe de que se valem suas imagens e metáforas e o conflito entre o profano e o sagrado que se percebe em vários de seus poemas. Assis Brasil, por sua vez, embora admita que Nauro Machado não é propriamente um revolucionário – nenhum poeta de sua geração pretendeu sê-lo –, reconhece que sua linguagem renova, em muitos aspectos, a tradição discursiva de nossa poesia, conformando-a às exigências estéticas da época em que vivemos. Outro grande crítico, Fábio Lucas, sublinha a tensão e a riqueza conotativa de sua expressão poética, observando ainda que são muito raros entre nós os autores que fizeram "da matéria confessional uma investigação do ser-no-mundo a níveis tão profundos".

Avaliação semelhante é a que lhe faz a poeta mineira Henriqueta Lisboa, quando afirma que a poesia de Nauro Machado "é árdua caminhada do espírito" e revela "estrutura resistente em que as palavras e as metáforas assumem significado próprio, sem possibilidade de resposta ao sentido inquiridor, senão a instauração do contexto", e o que este "propõe é todo o mistério de ser e estar no mundo em circunstâncias em que apenas se revelam pela angústia, na conotação de um estilo áspero e compacto". A primeira, entretanto, a dar um tratamento exaustivo à obra de Nauro Machado foi a ensaísta e professora universitária Nelly Novaes Coelho no posfácio que escreveu para a *Antologia poética* que o autor publicou pela Quíron em 1980. Diz ela: "Dono de uma prodigiosa imaginação criadora e de uma mestria crítica digna de nota, o poeta maranhense (...) percorreu, nos mais variados tons e gradações, quase toda a gama de problemas com que a poesia contemporânea se tem defrontado." Diante disso – e de muito mais que fica aqui por dizer –, não chego a entender muito bem por que alguns autores, entre os quais Moacyr Félix, Adonias Filho, Fábio Lucas, Josué Montello e Otávio de Faria, lamentam o fato de que Nauro Machado não foi ainda avaliado como deveria. Ao contrário, é poeta estudadíssimo e justamente valorizado por consideráveis segmentos de nossa melhor crítica literária.

Dadas as dimensões e a importância de seu trabalho sobre o autor, gostaria aqui de deter-me um pouco sobre o lúcido e ambicioso estudo de Ricardo Leão. Trata-se de texto complexo e bem circunstanciado no qual, além de uma extensa abordagem analítica à questão geracional, se rastreiam, desde o Barroco e o Arcadismo, os primeiros indícios da dissonância e da anormalidade discursivas que irão caracterizar a lírica moderna. Não resta dúvida de que essa tendência se acentua, em meados do século XIX, com Edgar Allan Poe e Gérard de Nerval, adquirindo plena vigência a partir da publicação, em 1857, de *Les fleurs du mal*, de Baudelaire, e das poéticas já ostensivamente transgressoras de Rimbaud, Laforgue e Mallarmé. A dissonância, com suas rupturas sintáticas e a ferocidade de suas imagens e metáforas, irrompe ainda nos estertores do Romantismo e perpassa certos segmentos do Simbolismo e do Parnasianismo, instalando-se em definitivo nos diversos modernismos do século XX. Apoiado nos estudos de teóricos como os de Hugo Friedrich, George Steiner, Ezra Pound e Octavio Paz, entre alguns outros, Ricardo Leão sustenta que a poesia torna-se dissonante porque há, "dentro do texto moderno, uma resistência nítida contra a leveza das imagens, as quais se constroem a partir de conteúdos que tecem uma malha de metáforas violentas, que agridem o leitor, o qual se sente em um estado de choque diante da sucessão de motivos da *absurdidade*, enfatizados pela força e fúria líricas com que são projetados na *tessitura textual*".

Em outras palavras, é o que nos diz também Hugo Friedrich quando define o poema como um mecanismo verbal em que "a sintaxe desmembra-se ou reduz-se a expressões nominais intencionalmente primitivas", de modo que "os mais antigos instrumentos da poesia, a comparação e a metáfora, são aplicadas de uma nova maneira, que evita o termo de comparação natural e força uma união irreal daquilo que real e logicamente é inconciliável". Ainda de acordo com Ricardo Leão, desde Baudelaire a poesia estatuiu como prioridade causar estranheza, repulsa e admiração, o que intensificaria o seu grau de dissonância e até mesmo de incomunicabilidade. É por isso que o poema moderno não aspira, necessariamente, à condição de texto compreensível, resultando daí que o poema, como máquina de linguagem, "utiliza-se da linguagem para transcender a linguagem", pois, como insiste o ensaísta maranhense, "a linguagem não fala apenas de si mesma, mas nega a si mesma". Isto confirmaria o pensamento de Hugo Friedrich quando observa que, embora seja ainda linguagem, o poema moderno serve-se de uma linguagem que não possui um objeto comunicável, adquirindo assim "o efeito dissonante de atrair e, ao mesmo tempo, perturbar quem a sente". Por reconhecer que o problema seminal da poesia não consiste em fazer-se compreensível, o poeta contemporâneo, apoiado na descoberta baudelairiana, passou a criar, salienta Ricardo Leão, "com os recursos expressivos da poesia, uma língua própria, que se mantém distante da língua que é falada enquanto imagem, mas ao mesmo tempo recupera a linguagem dos homens, do povo, de uma comunidade".

Tais noções caem como uma luva à poética dissonante, violenta, às vezes hermética e até mesmo irracional de Nauro Machado, cujo precursor entre nós seria outro maranhense, o estranho e solitário Sousândrade, que, ao tentar n'*O Guesa errante* conferir à sua poesia um andamento mais próximo da prosa, deu ao pensamento, como insinua Haroldo de Campos, "maior energia e concisão, deixando o poeta na plenitude intelectual". Mas o caso do autor de *A travessia do Ródano* é muito distinto do de seu antecessor, podendo-se nele identificar até uma situação única em nossa poesia em razão de seu mergulho nas "regiões mais abissais e pouco sondadas do homem, seus mais recônditos fantasmas e medos, suas mais horripilantes fantasias e desesperos, suas angústias mais doloridas e dolorosas, suas sombras mais dantescas, cercado de violência e blasfêmias por todos os lados", como bem assinala Ricardo Leão. Isto o leva ao emprego de uma linguagem abrupta e escarpada, repleta de tensão formal e psicológica, com imagens e metáforas que se poderiam definir como "assustadoras". Trata-se de uma poética do Hades, inquilina das zonas menos aprazíveis da alma humana e que, por isso mesmo, poderá causar, numa primeira leitura, uma incômoda sensação de pavor e repulsa. Mas é aí, justamente, que reside a sua insólita e quase inóspita beleza, a sua feroz dissonância imagística e a sua retorcida anormalidade discursiva, como se pode ver no poema "Oficina":

> Por ser a causa do que em torno torna
> a ser ruína, manejo esta bigorna,
> ferro, ascendente inferno sobre a seara
> que a solidão humana soluça e ara,
> meu – contra o pássaro, rasteiro voo
> de uma ave aguilhoada à crosta onde doo.
>
> Por não saberes, homem, tua palavra,
> no inaudito silêncio que te lavra,
> digo-a eu: pânico sobre a garganta,
> bebendo atroz água para atroz planta,
> para o – sem verde – chão que frutifica
> dentre o rebanho de treva impudica.
> (Acende-me tua gruta de ímpios uivos,
> Caifaz, deiscente dos infernos fulvos.)

Pouco falamos aqui da extraordinária técnica do verso naurino – assonâncias, aliterações, ecos, rimas internas, bruscas rupturas sintáticas, *enjambements*, metonímias e incontáveis outros recursos retóricos –, enfim, uma rara e astuciosa artesania que se encontra presente em toda a sua extensa obra poética, sobretudo nos numerosos sonetos. E estes merecem comentário à parte, com o qual concluirei esta já delongada palestra. Deixei-os para o fim porque, ao privilegiar uma forma fixa que nos vem do século XIII pelas mãos do siciliano Piero delle Vigne, o poeta como que estabelece uma trégua no *continuum* de sua atividade transgressora. Na verdade, porém, o autor jamais se comportou, à semelhança dos integrantes da Geração de 60, propriamente como um iconoclasta da forma, papel que já fora desempenhado pelos modernistas de 22. De modo que, para ele, parece não ter havido maiores problemas quando de seu retorno à rima e a medidas métricas mais regulares. Caso contrário, aliás, não nos teria legado essa imensa produção sonetística. E observe-se que, da mesma forma que o maranhense Odylo Costa, filho, e o mineiro Alphonsus de Guimaraens Filho, Nauro Machado move-se inteiramente à vontade no âmbito constritivo da forma fixa, ou seja, revela-se livre porque cativo.

Todos os temas e problemas, todos os procedimentos sintático-vocabulares, toda a ousadia imagístico-metafórica, toda a anormalidade moderna da poética naurina – enfim, toda a sua arte e sua artesania verbal estão fartamente à mostra nestes sonetos. O difícil, neste opulento exemplário, é a escolha de um deles que ateste tudo o que acabamos de afirmar. Vou optar aqui pelo de número 6 de *Apicerum da clausura*, publicado em 1985 e que o autor sabiamente recolheu na *Antologia poética* com a qual conquistou, em 1999, o Prêmio de Poesia da Academia Brasileira de Letras. Trata-se de um poema estranho, algo gongórico no bom sentido do termo, de sabor quase neossimbolista e de velada inspiração heraclitiana, já que nele aflora um ser que está sempre em movimento, um ser cuja ambição é ser mais do que é no extremo limite do ato de existir. Diz o seguinte este admirável soneto:

> Sois o que sois para ainda mais serdes,
> para enfim nunca mais vos acabardes,
> cânceres rubros sobre anginas verdes,
> próstatas vulvas que viveis cobardes.
> E cego ainda na matéria vedes
> a escuridão de elétricos alardes:
> bolos de angústias estendendo redes,
> bolos de angústias sepultando tardes.
> És o que não és para ainda mais seres,
> sendo o que não serás do que ainda és
> para o que foste de ânsias e prazeres.
> E és o que não és com a boca dos plurais.
> Ó minhas mãos, cabeça, tronco e pés:
> sois o que sois para ainda serdes mais.

2013

Índice onomástico

A

Abreu, Capistrano de, 267
Abreu, Casimiro de, 189-192, 240-241 e 246
Adonias (Aguiar) Filho, 193, 281 e 283
Adônis, 149
Adorno, Theodor Wiesengrand, 26, 134 e 136
Afrodite, 149
Alcântara Machado, Antônio de, 268
Alcântara Machado, José de, 264-268
Alceu, 149
Aleijadinho (Antônio Francisco Lisboa, dito), 104
Alencar, José de, 44, 104 e 157
Alencar, Mário de, 113
Alighieri, Dante, 234, 242-243
Almeida Garrett, João Batista de, 39, 106 e 234
Almeida, Guilherme de, 204
Almeida, José Américo de, 15 e 152
Almeida, Manuel Antônio de, 158
Alphonsus Filho (v. Guimaraens Filho, Alphonsus de), 72-77, 79-86

Alvarenga, Lucas José de, 157
Álvares de Azevedo, Manuel Antônio, 189, 224, 240-242, 244-245, 247-249
Amado, Jorge, 153
Amaral, Amadeu, 204
Amparo, Flávia, 214
Andrade, Carlos Drummond de, 55, 61, 73-74, 76, 79, 82-83, 146, 152-153, 169, 193, 206, 215, 218, 234 e 257
Andrade, Farnese de, 154
Andrade, Mário de, 57, 61, 73, 76, 119, 203, 246-247
Andrade, Oswald de, 61
Andrade, Rodrigo Melo Franco de, 197
Anjos, Augusto dos, 11-12, 14-35, 55, 76, 277 e 279
Anjos, Odilon dos, 14
Apollinaire, Guillaume (Wilhelm Apollinaris de Kostrowitzki, dito), 195
Aquino, São Tomás de, 129
Araújo, Gilberto, 214
Aristóteles, 129, 133 e 255
Aspásia, 149
Assis Brasil (Francisco de Assis Almeida Brasil), 281-282

Assis Chateaubriand (Bandeira de Melo), Francisco de, 161
Athayde, Félix de, 60
Avancini, Walter, 159-160
Azeredo, Carlos Magalhães de, 109
Azevedo, Artur de, 158
Azevedo, João Lúcio de, 180

B

Balzac, Honoré de, 157, 163, 187 e 234
Bandeira, Manuel, 17, 18, 27, 55, 57, 61, 72-74, 76, 79, 81, 85-86, 152, 190, 193-196, 199-201, 203-207, 234, 240 e 257
Barbosa, Benedito Rui, 162
Barbosa, Francisco de Assis, 12 e 23
Barbosa, Rui, 114 e 256
Barbosa Filho, Hildeberto, 277 e 280
Barbosa Lima Sobrinho, Alexandre, 185
Barreto Filho, José, 116
Barros, Domingos Borges de, 37
Barros, Eudes de, 24
Barros, Manoel de, 73
Bastide, Roger, 262
Batista, Fulgêncio, 253
Baudelaire, Charles, 7, 11, 21, 74, 134-135, 150, 194, 215, 218, 225, 227, 236, 277, 279, 283-284

Benjamin, Walter, 136
Benn, Gottfried, 22, 26, 28-29, 31, 33, 218 e 279
Bilac, Olavo, 15, 55, 72, 76, 158 e 204
Boileau-Déspraux, Nicolas, 225 e 268
Bonfim, Manoel, 108
Bopp, Raul, 73 e 231
Borges, Jorge Luis, 225 e 277
Bosi, Alfredo, 79, 88, 228 e 234
Boyer, Charles, 188
Braga, Gilberto, 162
Braga, Rubem, 70 e 153
Brasileiro, Antônio, 132-136 e 138
Brito Broca, José, 116
Büchner, Edward, 21
Bueno, Alexei, 17
Bueno, Lucilo, 194
Bulcão, Athos, 154
Burton, Victor, 154
Byron, Lord (George Gordon Noel Byron, dito), 39, 190, 241-243

C

Cabral, Pedro Álvares, 176 e 185
Calvi, Gian, 154
Camargo, Iberê, 154
Camões, Luís (Vaz) de, 43, 77, 194, 213, 220, 234 e 239
Campos, Haroldo de, 285
Campos (Veras), Humberto de, 153

Candido, Antonio (Antonio Candido de Melo e Sousa), 17, 37, 39, 42, 45-46, 62, 88, 232-233, 244, 248 e 262
Capanema, Gustavo, 204
Cardoso, Lúcio, 258
Carlitos (Charles Spencer Chaplin, dito), 231
Carlos, Manoel, 162
Carlyle, Thomas, 89
Carpeaux, Otto Maria, 17, 23, 165, 235, 256-258 e 262
Carvalhal, Tânia, 232-233
Carvalho, Álvaro de, 16
Carvalho, Ronald de, 190 e 203
Carvalho Filho, Joaquim José de, 191
Carybé (Héctor Julio Páride Bernabó, dito), 154
Cassirer, Ernst, 134 e 136
Castelo Branco, Camilo, 157
Castelo Branco, Wilson, 24
Castilho, Antônio Joaquim de, 16
Castro Alves, Antônio de, 26, 55, 104, 240, 245 e 247
Cavalcanti, Carlos de Lima, 251
César, Caio Júlio, 149
César, Guilhermino, 79 e 234
Cézanne, Paul, 33
Chardin, Teilhard de, 126
Chateaubriand, François-René de, 39
Chesterton, Gilbert Keith, 23
Chust, Bob, 160
Civelli, Carla, 160

Clair, Janete (Janete Emmer Dias Gomes, dita), 160-162
Claudel, Paul, 195
Cleópatra, 149
Cocteau, Jean, 263
Coelho, Nelly Novaes, 281 e 283
Coelho Neto, Henrique Maximiano, 113 e 158
Coleridge, Samuel Taylor, 225
Comte, August, 21
Coppeé, François, 194
Correia, Raimundo, 76 e 113
Costa, Cláudio Manuel da, 39
Costa, filho, Odylo, 73, 76, 85-86, 204 e 287
Costa, Olímpia da, 41
Costa, Oswaldo, 197
Costa e Silva, Alberto da, 147 e 234
Couto, Rui Ribeiro, 195, 197 e 204
Cros, Charles, 195 e 207
Cruls, Gastão, 153
Cruz, Gilda Oswaldo, 186-188
Cruz e Sousa, João da, 21, 75-76 e 82
Cruz, Oswaldo, 186
Cruz, Walter Oswaldo, 187
Cunha, Euclides da, 22, 113 e 234
Cunha, Fausto, 18, 19, 22-25 e 79
Curtius, Robert Ernst, 134

D

Dafne, 149
Dalí, Salvador, 195
Damasceno, Darcy, 132

Dampier, William Cecil, 180
Darwin, Charles Spencer, 21
Delgado, Humberto, 253
Denis, Ferdinand, 41
Descartes, René, 127
Di Cavalcanti, Emiliano, 154
Dias, Cícero, 154
Dias Gomes, Alfredo, 162
Dickens, Charles, 157, 163 e 187
Dixon, Paul, 88
Dostoievski, Fiodor Mikhailovitch, 100, 154, 234 e 236
Dubos, Charles, 262
Dumas, Alexandre, 157
Dürer, Albrecht, 234
Dutra, Eurico Gaspar, 161
Dutra e Melo, Antônio Francisco, 38 e 40

E

Eça de Queirós, José Maria, 261
Eliot, T.S., 7, 61, 66, 73, 134, 165, 168, 213, 217, 225 e 277
Éluard, Paul (Paul Eugéne Grindel, dito), 195
Esopo, 89
Espronceda (y Delgado), José de, 190 e 241

F

Facioli, Valentim, 88
Fagundes Varela, Luís Nicolau, 26, 39, 189 e 241
Faoro, Raymundo, 88
Faria, José Escobar, 24
Faria, Otávio de, 258, 281 e 283
Félix, Moacyr, 281 e 283
Fernandes, Ronaldo Costa, 281
Ferreira, Izacyl Guimarães, 145-147
Ferreira Gullar (José Ribamar Ferreira, dito), 17, 24, 63, 85, 215 e 272
Fontainas, André, 195
Fontes, Hermes, 15
Fontoura, João Neves da, 252, 261 e 263
França, Carlos, 194
Franca, padre Leonel, 126
Freire (Luís José), Junqueira, 189-190 e 241
Freyre, Gilberto, 16, 18, 21-23, 33, 153, 172-185, 265 e 267
Friedrich, Hugo, 284-285
Friné, 149-150

G

Gala (Elena Ivanovna Diakonovo, dita), 195
Galvão (Benjamin Franklin), Ramiz, 110
Gama, Basílio da, 45, 48 e 51
Gama, Vasco da, 176
Garbuglio, José Carlos, 88
Garcia, Antônio, 131
Garcia, Chianca de, 160
Garcia, Othon Moacyr, 132 e 234
Gaudí (y Cornet), Antonio, 28

ÍNDICE ONOMÁSTICO

Geoffroy, padre Julien-Louis, 156
Gesteira, Sérgio Martagão, 17, 30-35
Gide, André, 258 e 262
Goeldi, Oswaldo, 154 e 279
Goethe, Johann Wolfgang von, 39, 52, 195, 209, 242 e 245
Gomes, Danilo, 79
Gonçalves Dias, Antônio, 26, 36, 38-47, 49, 51-52, 55, 57-58, 104, 204, 243-244 e 248
Gondin da Fonseca, Manuel José, 16
Graça Aranha, José Pereira da, 108 e 113
Grieco, Agripino, 18, 27 e 153
Grindel, Paul Eugène (v. Éluard, Paul), 195
Guanabara, Alcindo, 101
Guérin, André, 195 e 207
Guimaraens, Alphonsus de, 72, 76 e 82
Guimaraens Filho, Alphonsus de, 72, 75, 79 e 287
Guimarães Rosa, João, 104, 153-154 e 257
Guittone d'Arezzo, 75
Gusdorf, Georges, 131

H

Haeckel, Ernst Heinrich, 20-21
Hauser, Arnold, 134-135
Hegel, Georg Wilhelm Friedrich, 234
Heidegger, Martin, 134-138
Heine, Heinrich, 195
Henriques Neto, Afonso, 79
Heráclito, 145, 234 e 277
Herculano (de Carvalho e Araújo), Alexandre, 39 e 184
Herédia, José Maria de, 194
Hesíodo, 133
Heym, Georg, 22, 26 e 33
Hipácia, 149
Hirsch, Eugênio, 154
Hoffmann, Ernst Theodor Amadeus, 21 e 242
Holanda (Ferreira), Aurélio Buarque de, 54
Hölderlin, Friedrich, 26 e 137
Homero, 133
Horácio (Quinto Horácio Flaco), 133, 225 e 243
Horkheimer, Max, 136
Houaiss, Antônio, 23-24, 33, 64, 66, 164-171, 225, 255, 259, 260-261
Hugo, Victor, 74, 157, 187 e 242
Husserl, Edmund, 130
Huxley, Aldous, 119

I

Ícaro, 149
Ivo, Lêdo, 80, 121, 193 e 272

J

James, Henry, 88
Jens, Walter, 26
Joyce, James, 169
Juan de la Cruz, San, 83 e 147

K

Kandinsky, Vassili, 234
Keats, John, 39, 134-135, 138 e 190
Keller, Gottfried, 209
Keyserling, conde Hermann, 175
Kirchner, Ernst Ludwig, 32
Kokoschka, Oskar, 32 e 279
Kopke, Carlos Burlamaqui, 24
Kubitschek (de Oliveira), Juscelino, 250, 252-254

L

La Fontaine, Jean de, 89
Laforgue, Jules, 284
Laís, 149-150
Lamartine, Alphonse, 74 e 242
Lamb, Charles, 89
Lavelle, Louis, 126-129
Le Corbusier (Charles Edouard Jeanneret-Gris, dito), 62
Leão, Múcio, 204
Leão, Ricardo, 282-286
Lenau, Nikolaus (Nikolaus Niembsch Strehlenau, dito), 195
Leod, MacFiona, 195
Leonardo da Vinci, 60 e 216
Leone, Raul de, 11
Leopardi, Giacomo, 7, 11, 26, 60, 77, 190, 218, 225 e 241
Lessa, Aureliano, 241
Lima, Alceu Amoroso, 15, 79, 125, 153, 232, 236 e 262
Lima, Heitor, 15
Lima, Jorge de, 61, 76, 152, 219, 258 e 277
Lima, Luís Costa, 33
Lins, Álvaro, 19-21, 23, 25, 30, 250-257, 259-263
Lins do Rego, José, 24, 118-122, 152, 187, 193 e 258
Lippmann, Hans Ludwig, 130-131
Lisboa, Henriqueta, 73, 281-282
Lisboa, João Francisco, 36
Lisle, Leconte de, 194
Lispector, Clarice, 153 e 257
Lobo, A. Costa, 180
Longino, Caio Cássio, 133
Lopes, Antônio de Castro, 107
Lopes, Francisco Higino Craveiro, 253-254
Lorca, Federico García, 59
Lucas, Fábio, 281-283
Lyra, Pedro, 271, 273 e 275

M

Machado, Alfredo, 154
Machado, Aníbal (Monteiro), 153, 165 e 224
Machado, Brasílio, 264
Machado, Nauro, 272-273, 275-283, 285 e 287
Machado, Raul, 16 e 18
Machado de Assis, Joaquim Maria, 36, 88, 91, 93, 95, 97-113, 116, 158, 234-237, 239 e 258
Machado Filho, Aires da Mata, 54
Magadan, Glória, 160

ÍNDICE ONOMÁSTICO

Magalhães, Domingos José Gonçalves de, 38-40, 42, 45 e 242
Magalhães, Valentim, 111
Magalhães Júnior, Raimundo, 116
Maistre, Xavier de, 102, 106 e 248
Malebranche, Nicolas de, 127
Malfatti, Anita, 154
Mallarmé, Stéphane, 25, 71, 134-135, 216, 218, 277 e 284
Mann, Thomas, 210 e 234
Mansfield, Katherine, 100
Marcel, Gabriel, 126
Maritain, Jacques, 126
Marques Rebelo (Edi Dias da Cruz, dito), 258
Marques-Samyn, Henrique, 148-149
Martins, Hélcio, 145, 164 e 238
Martins, Wilson, 79, 132, 151, 234 e 281
Martins Júnior, José Isidoro, 20
Martins Pena, Luís Carlos, 36
Matarazzo Sobrinho, Francisco, 161
Matisse, Henri, 33
Matos, Mário, 101
Maugham, William Somerset, 210
Maupassant, Guy de, 88
Maurois, André, 263
Medeiros e Albuquerque, José Joaquim de Campos da Costa, 16, 18-19, 108 e 111
Meireles, Cecília, 61, 152, 206, 215 e 258
Mello e Souza, Laura de, 265-267
Melo Franco, Afonso Arinos de, 153
Melo Franco, Francisco de, 167
Melo Neto, João Cabral de, 59-69, 71, 85, 153, 193, 215-216, 219-222, 227 e 272
Mendes, Murilo, 61, 73, 152, 206 e 258
Mendes, Oscar, 79
Mendes de Almeida, Cândido, 124
Mendonça, Lúcio de, 107-108
Menezes, Aparecida, 160
Merquior, José Guilherme, 54-55, 58, 70-71, 76, 79, 86, 132, 240, 248, 277 e 279
Meyer, Augusto, 93, 95, 100-101, 106, 230-239
Milano, Dante, 11, 17, 60-61, 76, 78, 85, 165, 197, 201, 206 e 218
Milliet, Sérgio, 76, 79, 234, 265-268
Mondin, Battista, 131
Montaigne, Michel (Eyquem) de, 122, 232 e 262
Monte Alverne, frei Francisco de, 37
Monteiro, Fernando, 159
Montello, Josué, 41, 111, 119, 193, 281 e 283
Montenegro, Olívio, 120
Moraes, Marcílio, 162
Moraes, Vinicius de, 55, 61-62, 73, 152, 206, 258 e 277
Morais, Carlos Dante de, 234
Morais Neto, Prudente de, 197
Moreira, Vivaldi, 79
Moreyra, Álvaro, 79
Moura, Emílio, 73

Moysés, Massaud, 79
Munch, Edward, 32 e 279
Murat, Luís, 158
Musset, Alfred de, 74, 190, 241-243

N

Nabuco, Joaquim, 104, 108, 110-112
Nascentes, Antenor, 194
Neaira, 149
Nerval, Gérard de, 283
Neves, Thomaz Albornoz, 140-141, 143-144
Nietzsche, Friedrich, 170
Nobre, Antônio, 21 e 194
Norberto (de Sousa e Silva), Joaquim, 38, 40, 45 e 191
Novalis (Friedrich von Hardenberg, dito), 26, 83 e 139
Nunes, Benedito, 132
Nunes, Santiago, 38

O

Octavio (Langaard de Menezes), Rodrigo, 108, 109 e 113
Oiticica, José, 13 e 15
Olinto, Antônio, 281-282
Oliveira, Franklin de, 278
Oliveira, Mário Alves de, 191-192
Oliveira Lima, Manuel, 108
Oliveira Martins, Joaquim Pedro de, 180-181
Olympio, José, 152-155 e 234
Ovalle, Jayme, 197 e 201

P

Padilha, Tarcísio, 123-131
Paes, José Paulo, 17, 21-24, 28-31, 33 e 141
Pardal Mallet, João Carlos de Medeiros, 158
Pascal, Blaise, 234
Paz, Octavio, 134, 225 e 284
Pedro II, Dom, 36 e 156
Peixoto, Afrânio, 183 e 264
Pena Filho, Carlos, 76
Penafort, Onestaldo de, 81
Penido, Basílio, 126
Penido, Maurício Teixeira Leite, 126
Pereira, Astrojildo, 113-116
Pereira, José Mário, 151-152, 154-155 e 170
Pereira, Laffayete Rodrigues, 112
Pereira, Lúcia Miguel, 45, 55, 76, 79, 88 e 113
Perez, Glória, 162
Perséfone, 149
Pessoa, Fernando, 213 e 277
Petrarca, Francesco, 77
Picker, Charles, 195
Píndaro, 133 e 234
Pinheiro, Joaquim Caetano Fernandes, 38
Pinheiro Chagas, Manuel Joaquim, 157
Piñon, Nélida, 7
Pirandello, Luigi, 234
Platão, 127, 132-134
Poe, Edgar Allan, 21, 134-135, 160, 201, 227 e 283

ÍNDICE ONOMÁSTICO

Ponson du Terrail, Pierre-Alexis, 157
Pontes, Elói, 13
Portella, Eduardo, 132 e 228
Portinari, Cândido, 154
Porto-Alegre, Manuel de Araújo, 38 e 40
Pound, Ezra (Loomis), 239 e 284
Prado, Paulo, 267
Proença, Manoel Cavalcanti, 17
Protágoras, 171
Proust, Marcel, 100, 187 e 234

Q

Queiroz, Maria José de, 171
Queiroz, Rachel de, 152 e 193
Quental, Antero de, 254
Quintana, Mário, 231

R

Rabelo, Laurindo, 189 e 241
Ramalho Ortigão, José Duarte, 180
Ramos, Graciliano, 115, 152-153 e 258
Ramos, José Júlio da Silva, 108, 194, 234, 264 e 268
Read, Herbert, 134 e 136
Reis, Francisco Sotero dos, 36
Renéville, Rolland de, 83
Resende, Severiano, 82
Ribeiro, João, 15, 18, 108, 110, 194 e 196
Ricardo (Leite), Cassiano, 204

Rilke, Rainer Maria, 277
Rimbaud, Jean-Arthur, 134-135, 277 e 284
Rocha, Justiniano José da, 157
Rodrigues, Anna Maria Moog, 131
Rodrigues, José Carlos, 112
Rolland, Romain, 210
Romero, Sílvio, 108, 112 e 242
Roquette-Pinto, Edgar, 252 e 262
Rosenfeld, Anatol, 17, 22, 24, 26-28 e 33
Rouanet, Sérgio Paulo, 225
Rouault, Georges, 32 e 279

S

Sá de Miranda, Francisco de, 220
Said Ali, Manuel Ida, 191
Sainte-Beuve, Charles-Augustin, 158, 258-259
Salles, Fritz Teixeira de, 281
Sampaio, Alberto, 178
Sand, George (Aurore Dupin, dita), 242
Sandroni, Cícero, 112
Sant'Anna, Affonso Romano de, 275
Santa Rita Durão, frei José de, 45
Scheller, Max, 130
Schiller, Johann Christoph Friedrich von, 42
Schlegel, Friedrich, 248
Schmidt, Augusto Frederico, 61, 79 e 257
Schopenhauer, Arthur, 21 e 106
Schüler, Donaldo, 281

Scott, Walter, 157
Seabra, José Joaquim, 110
Secchin, Antonio Carlos, 61, 64, 68, 214, 216-217, 219-228
Segall, Lasar, 279
Shakespeare, William, 7, 78 e 242
Shelley, Percy Bisshe, 39, 134-135, 190, 241-242
Siebenneichler, Flávio Beno, 131
Silva, Aguinaldo, 162-163
Silva, João Manuel Pereira da, 38
Silva, João Pinto da, 234
Silva, Joaquim Caetano Pereira da, 242
Silva, José Maria Rodrigues da, 209 e 213
Silveira, Álvaro Ferdinando Sousa da, 191 e 194
Silveira, Ênio, 168
Silveira, Ilza, 160-161
Silvestre, J., 160
Simon, Paul Albert, 131
Soares, Órris, 12, 15 e 19
Sócrates, 133 e 200
Sousa, Caetano Lopes de, 157
Sousa, Inglês de, 108
Sousa, Maria de Lourdes Heitor de, 205
Sousândrade (Joaquim de Sousa Andrade, dito), 285
Souza, Octavio Tarquínio de, 153
Spencer, Elbio, 24
Spencer, Herbert, 21
Steiner, George, 284
Sterne, Laurence, 102 e 106
Strindberg, (Johan) August, 187

Sucupira, Newton, 126-127 e 131
Sue, Eugène, 157
Surrey, conde de (Henry Howard), 77
Swift, Jonathan, 89

T

Tasso, Torquato, 243
Taunay, Visconde de (Alfredo d'Escragnolle), 108
Tchekhov, Anton Pavlovitch, 88 e 91
Teixeira e Sousa, Antônio Gonçalves, 38 e 40
Teles, Gilberto Mendonça, 79
Telles, Lygia Fagundes, 240
Teófilo, Alexandre, 40
Teresa de Ávila, Santa, 83 e 213
Thaís, 149
Thibaudet, Albert, 259
Thomas, Dylan, 7 e 85
Tibério (Júlio César Augusto), 149
Tolentino, Bruno, 140
Torres, Antônio, 14, 18-19
Torres Homem, Barão de (João Vicente Torres Homem), 38
Trakl, Georg, 22, 26, 33 e 279

U

Ulisses, 213 e 269

V

Vale, Ana Amélia Ferreira do, 40 e 52

Valéry, Paul, 60, 74, 133-134, 136, 218, 225 e 277
Van Gogh, Vincent, 33, 234 e 279
Vargas, Getúlio (Dornelles), 115, 153 e 252
Velinho, Moisés, 234
Venancio Filho, Alberto, 103 e 107
Verde, Cesário, 11, 21, 27, 60 e 194
Verhaeren, Émile, 207
Veríssimo, Érico, 258
Veríssimo, José, 107-108, 113, 194, 240 e 242
Vicente, Gil, 194
Vigne, Piero delle, 75 e 287
Vigny, Alfred de, 242
Vilaça, Antônio Carlos, 131
Vilar, Mauro, 167
Vildrac, Charles, 195
Voltaire (François-Marie Arouet, dito), 134

W

Weifel, Franz, 161
Woolf, Virginia, 100
Wordsworth, William, 39
Worringer, Wilhelm, 33
Wyatt, Thomas, 77

Z

Zampari, Franco, 161

Bibliografia do autor

ENSAÍSMO

Testamento de Pasárgada (antologia crítica da poesia de Manuel Bandeira). Rio de Janeiro: Nova Fronteira, 1980. 2ª ed. revista. Rio de Janeiro: Nova Fronteira/ABL, 2003. 3ª ed. revista. São Paulo: Global, 2014.

Dias idos e vividos (antologia crítica da prosa de não ficção de José Lins do Rego). Rio de Janeiro: Nova Fronteira, 1981.

À sombra de Orfeu. Rio de Janeiro: Nórdica/INL, 1984. Prêmio Assis Chateaubriand, da Academia Brasileira de Letras, 1985.

O encantador de serpentes. Rio de Janeiro: Alhambra, 1987. Prêmio Nacional de Ensaísmo Literário, do Instituto Nacional do Livro, 1988.

Prosa dispersa. Rio de Janeiro: Topbooks, 1991.

O signo e a sibila. Rio de Janeiro: Topbooks, 1993.

O fio de Dédalo. Rio de Janeiro: Record, 1998. Prêmio Oliveira Lima, da UBE, 1999.

Baudelaire, Eliot, Dylan Thomas: três visões da modernidade. Rio de Janeiro: Record, 2000.

Escolas literárias no Brasil (coord.). Rio de Janeiro: ABL, Col. Austregésilo de Athayde, 2t, 2004.

Ensaios escolhidos. São Paulo: A girafa, 2 vols., 2005.

Roteiro da poesia brasileira. Anos 30 (Seleção e prefácio). São Paulo: Global, 2008.

João Cabral de Melo Neto. Série Essencial. Rio de Janeiro:ABL/ Imprensa Oficial de São Paulo, 2010.

Cinzas do espólio. Rio de Janeiro: Record, 2009. Prêmio Jabuti, da Câmara Brasileira do Livro, 2010.

Este livro foi composto na fonte Minion Pro c. 11/17
e impresso pela gráfica Stamppa para a Editora Rocco Ltda.